Stundenblätter
„Schimmelreiter“ und „Judenbuche“ im Vergleich

Gesine Jaugey

Stundenblätter „Schimmelreiter“ und „Judenbuche“ im Vergleich

14 Seiten Beilage

Ernst Klett Verlag
Stuttgart Düsseldorf Leipzig

Reihe: Stundenblätter Deutsch

Als Klett Leseheft sind erschienen:
Annette von Droste-Hülshoff, Die Judenbuche (Klettbuch-Nr. 26201)
Theodor Storm, Der Schimmelreiter (Klettbuch-Nr. 26204)

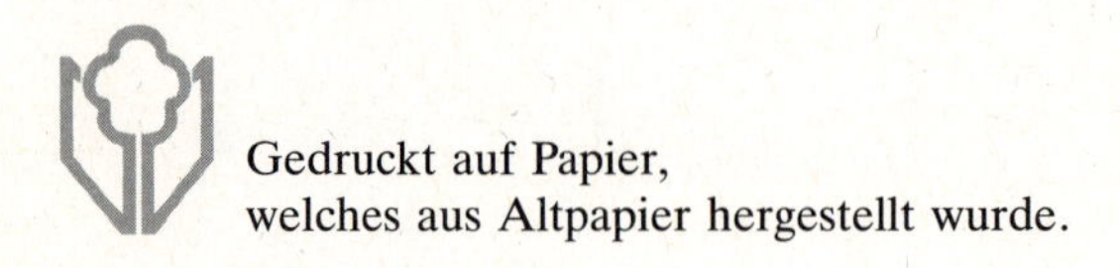

Die Deutsche Bibliothek – CIP-Einheitsaufnahme

Ein Titeldatensatz für diese Publikation ist bei
Der Deutschen Bibliothek erhältlich

11. Auflage 2000

Internetadresse: http://www.klett-verlag.de
E-Mail: klett-kundenservice@klett-mail.de
Satz: Wilhelm Röck, Weinsberg
Stundenblätter: G. Müller, Heilbronn
Druck: Wilhelm Röck, Weinsberg. Printed in Germany.
Einbandgestaltung: Zembsch' Werkstatt, München
ISBN 3-12-927390-5

Inhalt

Einleitung

Ein Blick in die Lehrpläne der verschiedenen Bundesländer zeigt, daß für die Klassen 8 bis 10 fast ausschließlich Novellen des 19. Jahrhunderts als Prosaganzschriften vorgesehen sind. Methodiker waren seit jeher davon überzeugt, daß die Novelle wegen ihres relativ geringen Umfanges im Vergleich zum Roman und auch wegen ihrer spannenden, straffen Handlungsführung und dramatischen Zuspitzungen sich für den Jugendlichen dieser Altergruppe als leicht lesbar und motivierend erweist. Dieser Meinung kann man sich auf keinen Fall unbesehen anschließen, denn viele der in den Lehrplänen mehr oder weniger verbindlich genannten Werke sind mit der in ihnen dargestellten dichterischen Wirklichkeit und auch mit ihrer Sprache für den 14- oder 15jährigen schwer oder nicht mehr ohne weiteres verständlich und nicht dazu geeignet, ihn zum Lesen zu ermutigen. Es wäre deshalb an der Zeit, die Leselisten kritisch zu durchforsten und manches aus dem selbstverständlich gewordenen Grundstock zu streichen.

Auch Th. Storms „Schimmelreiter" und A. von Droste-Hülshoffs „Judenbuche" gehören zu den Klassikern unter den Schullektüren, wobei der „Schimmelreiter" manchen Germanisten und Pädagogen inzwischen fragwürdig geworden ist, u.a. auch weil diese Novelle, vergleichbar dem „Wilhelm Tell" bei den dramatischen Werken, ihr Prestige anscheinend nur der Tradition und nicht etwa ihrem literarischen Wert oder didaktischen Überlegungen verdankte.

Benno von Wiese weist in der Einleitung zu seiner Interpretation der Novelle „Hans und Heinz Kirch" darauf hin, daß der „Schimmelreiter", was den dichterischen Rang des Werkes anbetrifft, immer noch überschätzt wird, und er wirft dieser und anderen Novellen Storms vor, daß mit dem „Auflösen in Stimmung und Stimmungsbild ein Verlust an Form und Analyse verbunden" sei (B. v. Wiese 1956, S. 220). Wenn wir Benno von Wiese recht geben, ist nicht einzusehen, warum gerade der „Schimmelreiter" so beharrlich und z.T. ausschließlich als Beispiel für die Kurzform „Novelle" in der Mittelstufe besprochen wurde.

Dennoch scheint es uns lohnenswert und berechtigt, dem „Schimmelreiter" eine Unterrichtsreihe zu widmen, nicht nur weil Storm packend erzählt, sondern weil es uns anhand dieses Beispieles möglich erscheint, wichtige literarische Merkmale eines Prosatextes aus dem 19. Jahrhundert zu erarbeiten und nicht zuletzt um zu zeigen, wie das Stimmungshafte die Wirklichkeit der menschlichen Charaktere und der äußeren Situation verhüllen und inwiefern es die Haltung des Lesers beeinflussen kann.

Um dem leseunerfahrenen Schüler der 9. oder 10. Klasse eine distanzierte Haltung gegenüber dem Text zu ermöglichen, schien es uns sinnvoll, ein zweites Werk in diese Unterrichtsreihe aufzunehmen. Erst durch die Unterscheidung des einen literarischen Gegenstandes vom anderen wird dem Schüler der Mittelstufe der Versuch einer kritischen Beurteilung gelingen.

Die „Judenbuche“, die wir als Vergleichstext ausgewählt haben, ist, was ihren literarischen und pädagogischen Wert anbetrifft, weniger umstritten als die Novelle Storms. Allerdings wird sie von manchen nur noch auf sozio-ökonomische Informationen hin untersucht. Wir halten aber eine rein literatursoziologische Interpretation der „Judenbuche“ in der Mittelstufe für unangebracht. Für Schüler, die noch wenige längere Prosatexte kennen und sich literarische Grundbegriffe noch erarbeiten müssen, ist unserer Ansicht nach eine literatursoziologische Methode und Interpretation, wie sie zum Beispiel Rudolf Kreis (R. Kreis 1974) vorschlägt, eine Überforderung. Das heißt nicht, daß wir soziologische, ökonomische oder rechtliche Tatsachen und Probleme als Aspekte der Interpretation ausgeklammert haben.

Aufbau der Unterrichtssequenz

Da wir zwei Novellen in einer Unterrichtsreihe behandeln wollen, haben wir zwei Texte des „poetischen Realismus“ ausgewählt, die sich von der Struktur, vom Thema und von den Motiven her dazu eignen, unter den gleichen Aspekten untersucht zu werden.

Der Aufbau der Unterrichtsreihe ist so gedacht, daß zuerst der „Schimmelreiter“ und dann die „Judenbuche“ besprochen werden, so daß die bei der ersten Interpretation erreichten Ergebnisse, die Kenntnis bestimmter Begriffe, Einsichten in strukturelle Probleme usw. bei A. von Droste-Hülshoffs Werk bereits ein selbständiges Arbeiten ermöglichen. Die Deutung der „Judenbuche“ soll auf dem Hintergrund der bereits gewonnenen Erkenntnisse vor sich gehen, ein ständiger Rückblick die Klärung des verschlosseneren Werkes erleichtern. Am Schluß der Unterrichtsreihe soll dann mit Hilfe eines Querschnitthemas ein gezielter Vergleich beider Werke unternommen werden, der den Schüler zu einer kritischen Stellungnahme und damit zu einer Bewertung anregen soll.

Jede der beiden in sich geschlossenen Interpretationen gliedert sich in zwei Teile: Die *Untersuchung der Bauformen* und die *Untersuchung der dichterischen Wirklichkeit*. Der Interpretationsweg wird bei beiden Werken gerade umgekehrt verlaufen: Ausgangspunkt ist bei der Deutung des „Schimmelreiters“ die Frage nach dem Aufbau der Novelle, um die komplizierte Rahmentechnik durchsichtig zu machen, bei der „Judenbuche“ hingegen ist die inhaltliche Klärung des Handlungsablaufs Voraussetzung für die weitere Analyse, da durch die außerordentliche Dichte des Erzählstils der Droste der Erzählzusammenhang an manchen Stellen zunächst unverständlich ist.

Grobziele

Die Arbeit an einem längeren Prosatext in der Mittelstufe muß als übergeordnetes Lernziel die Erarbeitung von Grundbegriffen und Kategorien haben, die dem Schüler ein Instrumentarium an die Hand geben, um Prosatexte jeder Art, auch Romane, in der Oberstufe methodisch analysieren zu können. Deshalb scheint es uns wichtig, *allgemeine Prinzipien des Erzählens* zu klären und das Erzählganze nach folgenden Gesichtspunkten zu untersuchen:

- die Erzählhaltung (Funktion der Erzähler – Objektivität bzw. Subjektivität des Erzählens)
- die Zeitstruktur (Verweilen, Raffen, Weglassen, Umstellen der Chronologie)
- die Strukturierung des Handlungsablaufs

a) die Erzählweisen: Wechsel von Bericht, Analyse, Vorgang etc.
b) Mittel der Verwebung und Verklammerung: Motive, Symbole usw.

Die dichterische Wirklichkeit beider Werke soll unter folgenden Hauptaspekten untersucht werden, wobei jedem Themenkreis zum mindesten eine Unterrichtsstunde zugeordnet wird:

- das Verhältnis von Mensch und Umwelt
- Charakter und Schicksal
- die Naturdarstellung

Eine ausführliche Erörterung des Gattungsbegriffes „Novelle" kann im Rahmen dieser Unterrichtsreihe in der Mittelstufe nicht erfolgen, da mit dieser Problematik allein schon eine Unterrichtsreihe bestritten werden könnte, die sich auch auf eine Auswahl an Texten mit Aussagen von Dichtern oder Literaturwissenschaftlern stützen müßte.
Die Unterrichtsreihe umfaßt 13 Unterrichtsstunden, wovon auf den „Schimmelreiter" 5, auf die „Judenbuche" 7 und auf den abschließenden Vergleich eine Unterrichtsstunde entfallen.

Hinweise für die Unterrichtspraxis

Zur Konzeption der Lernsequenz – Vorschläge zur Modifizierung

Da die Lernsequenz zwei Novellen und einen Vergleich umfaßt, mußten die Lerninhalte relativ konzentriert in einer angemessenen Zahl von Unterrichtseinheiten untergebracht werden. Die Zahl von 13 Unterrichtsstunden ist allerdings ohne weiteres um zwei bis drei zu erweitern, ohne daß der Spannungsbogen von der ersten Unterrichtsstunde über die Struktur des „Schimmelreiters" bis hin zum Vergleich der Erzählhaltung nachläßt. Die erarbeiteten Ergebnisse können außerdem jederzeit anhand der diagrammatischen Tafelbilder wiederholt werden. Da es sich bei den vorgeschlagenen Themen vorwiegend um Querschnitthemen handelt, könnte die Unterrichtsreihe sinnvoll ergänzt werden, wenn man eine vergleichende Analyse zweier längerer Textstellen aus beiden Novellen zur Charakterisierung des Stils hinzufügte. Auch eine ausführliche In-

terpretation der Eingangsverse mit dem Blick auf die Aussage des Prosatextes wäre eine wichtige Abrundung.
Will bzw. kann man nur eine der beiden Werke im Unterricht besprechen, ist von der Konzeption der Lernsequenz her die Möglichkeit gegeben, die Untersuchung der Erzählhaltung, die in Stunde 13 im Vergleich dargestellt ist, für jeden der beiden Novellentexte gesondert zu erarbeiten. Für den „Schimmelreiter" wird diese Problematik sowieso bei der Erörterung der Struktur und der Rahmung angesprochen. Bei der „Judenbuche" schließt sich die Frage nach der Rolle des Erzählers nahtlos an die Erörterung der Erzählweisen an.

Zur Konzeption der Stundenblätter

Die Stundenblätter geben in knapper Form Auskunft über Lehrform, Lernziele und Lernschritte und enthalten die Tafelanschriften, die parallel zum Unterricht entwickelt werden. Die Tafelanschriften sind als Anregungen gedacht und werden je nach Lerngruppe, Lernsituation und Stundenverlauf modifiziert werden müssen. Auf jeden Fall sollen sie die Arbeitsergebnisse der Teillernschritte festhalten und die Problemzusammenhänge der Lerngegenstände übersichtlich und klar durchschaubar darstellen.
Als durchgehende Lehrform für diese Unterrichtsreihe ist die entwickelnd-erörternde Methode vorgesehen. Die Lernergebnisse gehen aus dem Unterrichtsgespräch zwischen Lehrer und Schülern hervor und werden in knapper Form im Tafelbild festgehalten. Für die Unterrichtsstunden, deren Lerngegenstand uns auch für den arbeitsteiligen Gruppenunterricht geeignet schien, haben wir einige Fragen und Anweisungen für die Gruppen zusammengestellt (siehe Seite 40). Der Hinweis darauf findet sich jeweils auf dem Stundenblatt.
Die ebenfalls auf den Stundenblättern aufgeführten Lernziele sind vorwiegend kognitiver Art und beschränken sich streng auf die jeweilige Unterrichteinheit. Lernziele, die allgemein für den Literaturunterricht oder speziell für die Arbeit mit Prosatexten in der Mittelstufe gelten, werden als selbstverständlich vorausgesetzt. Bei der Formulierung affektiver bzw. emanzipatorischer Lernziele waren wir sehr zurückhaltend, da dies meist nur bei genauer Kenntnis der Lerngruppe möglich ist.

Analyse des Lerngegenstandes

Theodor Storms „Schimmelreiter"

1. Stunde: Die Struktur der Novelle

Die Geschichte vom Leben und Tod Hauke Haiens ist in eine kompliziert erscheinende Rahmenkonstruktion eingefügt, deren Analyse für das Verständnis der Stormschen Erzähltechnik und der dargestellten Wirklichkeit von größter Bedeutung ist. Drei Erzählungen sind ineinandergeschachtelt, drei Erzähler und drei Zeitebenen bewirken ein reizvolles Spiel mit der Erzählperspektive. Eingangs berichtet der Autor von einem in der Kindheit gelesenen Zeitschriftenheft, dessen Inhalt er, obwohl seither über fünfzig Jahre vergangen seien, niemals habe vergessen können. Nachdem er so die Neugier des Lesers erregt hat, tritt er hinter den zweiten Erzähler, den Manuskriptenschreiber, zurück. Der Erzähler Nummer 1 selbst gibt vor, aus dem Gedächtnis zu berichten und weist darauf hin, daß er sich für die Wahrheit des Erzählten nicht verbürgen könne. Der Manuskriptenschreiber wiederum ist auch nicht der eigentliche Erzähler, sondern er hat die Geschichte vom „Schimmelreiter" zufällig bei einer durch Unwetter erzwungenen Rast in einem Dorfwirtshaus aus dem Munde des Dorfschulmeisters vernommen.
Der Bericht von seinem Ritt an der Nordsee und von den Begebenheiten im Dorfwirtshaus machen die Handlung des zweiten Rahmen aus, die mit der Beschreibung des morgendlichen Aufbruchs nach dem Gewitter endet und somit den inneren Rahmen und die Novelle schließt. Auch dieser Erzähler, der durch den Bericht von der gespenstischen Erscheinung eines Reiters auf dem Deich den Erzählanlaß gibt, nimmt nur Mittlerfunktion ein und kann deshalb für die Wahrheit der Hauke-Haien-Geschichte nicht einstehen. Daß er nur neutraler Berichterstatter ist, gibt allerdings seiner Erzählung von der unheimlichen Gestalt auf dem Schimmel Wahrscheinlichkeitscharakter. Da Storm, der im äußeren Rahmen als Erzähler auftritt, sich aber vom Erzählgegenstand distanziert hatte, bleibt die Frage nach der Tatsächlichkeit der übernatürlichen Begebenheit offen. Auch am Schluß meldet sich der Autor nicht mehr zu Wort, der äußere Rahmen wird nicht geschlossen. Der Autor „entläßt den Leser, ohne seine Fragen zu beantworten; er zieht sich ironisch hinter den Bericht seines Gewährsmannes zurück, doppelgesichtig wie die Wirklichkeit selbst" (Th. Kuchenbuch 1969, S. 200).
Der Schulmeister, der den fremden Reiter und andere Gäste während des Unwetters mit der Hauke-Haien-Geschichte unterhält, wird als verständiger, aufgeklärter Geist beschrieben, der es sich zutraut, Wirkliches und Aberglauben in seiner Erzählung voneinander zu unterscheiden. Er kennt die Geschichte aus den „Überlieferungen verständiger

Leute“ (Schimmelreiter, S. 753*) und will das mündliche Erzählgut so wahrheitsgetreu wie möglich weitervermitteln. Auch er kann aber nicht für die Tatsächlichkeit der achtzig Jahre zurückliegenden Ereignisse bürgen.

Die Binnenerzählung wird an vier Stellen durch die Rahmenhandlung unterbrochen, d.h. der Schulmeister hält in seiner Rede inne, um sich mit einem Kommentar direkt an seine Zuhörer und insbesondere an den fremden Reiter zu wenden; dieser wiederum konstatiert als Erzähler nicht nur diese Unterbrechungen, sondern er nutzt sie auch, um auf die Naturstimmung draußen und im Kontrast dazu auf die gemütliche Atmosphäre in der Wirtsstube und in der Kammer des Schulmeisters aufmerksam zu machen.

Die chronologisch fortlaufende Innenhandlung wird durch die Rahmenhandlung in Sinnabschnitte gegliedert. Der erste Einschnitt markiert auch das Ende eines ersten Lebensabschnittes: Der Knabe Hauke hat es dank seiner Begabung und Zielstrebigkeit fertiggebracht, den holländischen Euklid zu übersetzen und zu verstehen. Sein Lebensplan ist halb unbewußt schon gefaßt, er will später Deichgraf werden, um seine Idee vom technisch vollkommenen Deich zu verwirklichen, er hat dem Meer und den Menschen bereits den Kampf angesagt. Die eingeschobene Bemerkung des Schulmeisters knüpft an die unmittelbar vorausgegangene Erzählpassage an, wo zum ersten Mal von den Spukgestalten im Watt die Rede ist und von der tapferen Haltung des Knaben, der seine Furcht überwindet und dem Spuk trotzig die Stirn bietet.

Die zweite Unterbrechung findet sich an der Stelle des Lebensberichtes, wo vom Tod des alten Tede Haien die Rede ist. Hauke tritt sein väterliches Erbe an, und damit beginnt für ihn ein neuer Lebensabschnitt. Die letzten Worte seines Vaters haben einen seit seiner Kindheit in ihm reifenden Gedanken wieder stärker in sein Bewußtsein gerückt. Die Überzeugung, daß er der rechte Mann für die Stelle des Deichgrafen sei, läßt ihm keine Ruhe, und er beginnt darüber nachzusinnen, wie er den nötigen Grundbesitz erwerben könnte, um für das ersehnte Amt in Frage zu kommen. Bald rückt durch die Verlobung mit Elke das Ziel auch in greifbare Nähe.

Die Handlung nimmt ihren kontinuierlichen Lauf:

Elke überträgt vor der Hochzeit die ererbten Güter auf ihren Verlobten, die beiden heiraten, und bald schon lebt Hauke Haien als Deichgraf mit seiner Frau auf der väterlichen Hofstelle. Der Gedanke an einen neuen Deich, der nach seinen Plänen und unter seiner Leitung gebaut werden soll, nimmt konkrete Gestalt an. Die Zeichnungen und Berechnungen dauern mehrere Monate harter Arbeit, dann kann die Eingabe an den Oberdeichgrafen abgeschickt werden. Dieser entscheidende Schritt bedeutet für Hauke den Anfang einer verhängnisvollen Entwicklung, die mit seinem Tod endet.

Als der Schulmeister mit seiner Erzählung an dieser Stelle im Handlungsverlauf angekommen ist, legt er eine Pause

---

* Die Seitenzahlen beziehen sich beim „Schimmelreiter“ und bei der „Judenbuche“ auf die im Literaturverzeichnis genannten Ausgaben.

ein, um die Bedeutung des berichteten Ereignisses hervorzuheben und das Kommende dagegen abzugrenzen. Wir befinden uns, was den Umfang anbetrifft, genau in der Mitte der Novelle. Die erste Hälfte enthält die Ereignisse im Leben des Helden bis unmittelbar zum Deichbau, die zweite Hälfte erzählt die Geschehnisse, die mit dem Deichbau zusammenhängen und die Jahre bis zur Katastrophe.
Die Zäsur ist auch in anderer Hinsicht bemerkenswert: Der Schulmeister weist darauf hin, daß er jetzt gezwungen sei, auch Gerüchte und abergläubisches Geschwätz wiederzugeben, während er sich bisher für den ersten Teil der Erzählung auf die „Überlieferungen verständiger Leute" (Schimmelreiter, S. 753) habe stützen können.
Bis zu diesem Wendepunkt tauchen die übernatürlichen Erscheinungen lediglich in der Rahmenerzählung auf, im zweiten Teil jedoch finden wir sie in der Binnenerzählung, nicht mehr im Rahmen.
Der letzte Einschnitt liegt unmittelbar vor der Katastrophe. Hauke hatte, geschwächt durch seine Krankheit, nicht die Kraft gehabt, seine Forderungen gegenüber den Deichgevollmächtigten durchzusetzen und auf der Erneuerung des alten, beschädigten Deiches zu bestehen. Vorübergehend hatte er sich selbst beruhigen und über die Schwere der Schäden hinwegtäuschen können, aber bald ergreift ihn erneut die quälende Sorge, und die Gewissensbisse lassen ihn nicht zur Ruhe kommen. Nachdem der Leser ein letztes Mal aus der Dramatik der Ereignisse herausgeholt und ihm die Gegenwart des damaligen Erzählers, des Schulmeisters, bewußt geworden ist, treibt die Handlung dann konsequent auf die Katastrophe zu, die durch die Schwäche und Unterlassungssünde des Deichgrafen möglich geworden war.

2. Stunde: Die Funktion der Rahmung

Wie bereits im Kapitel „Struktur der Novelle" ausgeführt, ist der innere Rahmen ein Mittel zur Gliederung der Binnenerzählung. Viermal greift die Rahmenhandlung in die eigentliche Erzählung ein und zwar so, daß die Einschnitte jeweils den Abschluß bzw. den Beginn eines neuen Lebensabschnittes des Helden anzeigen.
Nicht nur diese Intervalle sind ein strukturierendes Moment, sondern das Motiv des gespenstischen Reiters in der Rahmenhandlung stellt die Verbindung zur Kernerzählung her, ja ermöglicht sie erst, da es dem Schulmeister den Erzählanlaß liefert. Zweimal taucht die Schimmelreitererscheinung während der ersten Hälfte des Schulmeisterberichtes auf und deutet so auf die unheimlichen Erzählelemente im zweiten Teil der Novelle hin. Auf diese Weise entsteht ein spannungsvoller Bezug zwischen Rahmen- und Innenhandlung.
Auch das Motiv des Sturmes und der damit verbundenen Sorge des Deichgrafen und der Gevollmächtigten findet sich bereits in der Rahmenhandlung, wodurch die historische Distanz zwischen der Gegenwart des Erzählers und den Ereignissen, die er berichtet, aufgehoben wird. Die Problematik wird aktuali-

siert und der Leser stärker von der Atmosphäre und Dramatik der Hauke-Haien-Geschichte gepackt. Überhaupt gelingt es Storm, den Leser aus der kritischen Distanz in die poetische Atmosphäre der Rahmenhandlung hineinzunehmen. Die Hinweise des fremden Reiters auf das Geschehen in der Wirtsstube, wo auch der Deichgraf und seine Gevollmächtigten bei einem Glas Punsch versammelt sind, während draußen der Sturm tobt, und später die Beschreibung der Giebelstube des alten Schulmeisters mit ihren Bücherregalen, dem gemütlichen Ohrensessel und dem kleinen glimmenden Ofen bringen wichtige Stimmungselemente in die Erzählung. Die Einführung fiktiver Erzähler dient im übrigen nicht dazu, kritische Distanz zum Erzählgegenstand herzustellen, sondern stellt ein Mittel der Wirklichkeitsillusionierung und Subjektivierung dar. Indem sowohl der Erzähler des äußeren Rahmens als auch der Zeitschriftenerzähler betonen, daß sie etwas Übernommenes ‚referieren' und nichts Eigenes in den Bericht eingebracht haben, entsteht im Leser die Illusion, daß es sich um die Wiedergabe von etwas Tatsächlichem handelt.
Auch der Schulmeister, der eigentliche Erzähler, versteht sich als Berichterstatter und beruft sich auf die „Überlieferungen verständiger Leute".
„Wieder wird auf eine ‚wahrheitsgetreue' Art der Mitteilung als Garantie für die Tatsächlichkeit des Geschehens verwiesen. Von dem ersten Erzähler über den Zeitschrift-Erzähler finden wir damit beständig das Moment der Wirklichkeitsillusion, der Fiktion, als fielen Objektivität der Darstellung und Faktizität zusammen". (V. Knüfermann, 1967, S. 103)

3. Stunde:
Charakter und Schicksal Hauke Haiens

Schon im Verhalten des Knaben Hauke Haien zeigen sich jene Eigenschaften, die Erfolg und Scheitern des späteren Deichgrafen begründen. Angeregt durch das Beispiel seines Vaters, beginnt er früh, sich für mathematische und technische Probleme zu interessieren. Als der alte Tede Haien die Fragen seines Sohnes nicht mehr exakt beantworten kann, verweist er ihn auf einen alten, in holländischer Sprache abgefaßten Euklid. Der Junge läßt sich von den sprachlichen Schwierigkeiten nicht abschrecken, er macht sich mit Hilfe einer holländischen Grammatik an die Übersetzung. Seine Zielstrebigkeit führt auch zum Erfolg; es gelingt ihm, den Euklid zu übersetzen und zu verstehen. Als Tede Haien versucht, dem Sohn das Studieren dadurch auszutreiben, daß er ihn einige Monate mit den Arbeitern zum Erde karren an den Deich schickt, erweist sich, daß der Alte nicht mit der Hartnäckigkeit seines Sohnes gerechnet hat. Dieser tut zwar seine Arbeit, aber in jeder freien Minute sondert er sich von den Arbeitern ab, um die Nase in seine Bücher zu stecken.
Sowohl seine außergewöhnliche Begabung als auch sein zielgerichteter Ehrgeiz machen ihn von Jugend an zum Außenseiter, dem an der Gesellschaft der Gleichaltrigen nichts liegt und der am liebsten bei seinen Spaziergängen und Beobachtungen am Meer allein ist.

Seine anscheinend ziellosen Wanderungen am Deich bringen bald ein überraschendes Ergebnis, als er seinen Vater mit der Behauptung verblüfft, die alten Deiche seien nichts wert, die Wasserseite sei zu steil. Erstaunlich ist daran nicht nur die These an sich, sondern auch der Ernst und das Selbstbewußtsein, mit der er sie vorträgt. Als der Vater im Scherz zu ihm sagt, er könne ja Deichgraf werden, um die Deiche zu ändern, antwortet er, als wäre es das Selbstverständlichste von der Welt: „Ja, Vater." Wie er draußen am Meer steht und den Wellen entgegenschreit: „Ihr könnt nichts Rechtes, so wie die Menschen auch nichts können!" (Schimmelreiter S. 704) klingt aus seinen Worten mehr als Selbstsicherheit; es stecken schon die Überheblichkeit und der trotzige Stolz darin, die ihm später, als er Deichgraf ist, die Feindschaft seiner Mitmenschen einbringen.

Betrachtet man den weiteren Lebensweg Hauke Haiens, so erkennt man, daß der geheime Wunsch, einmal Deichgraf zu werden, seit der Jugendzeit Haukes Denken und Handeln bestimmt. Zunächst ist es ihm vielleicht nicht bewußt, daß er seine Schritte in Richtung auf dieses Ziel hin lenkt, aber es ist sicher kein Zufall, daß er gerade die freigewordene Stelle des Kleinknechtes beim Deichgrafen anstrebt. Er interessiert sich für die Arbeiten und Probleme, die mit diesem Amt verbunden sind und macht deshalb von sich aus dem Vater den Vorschlag, beim Deichgrafen anzufragen. Schon der Knabe weiß genau, was er will und nimmt sein Schicksal in die Hand.

Während seiner Dienstzeit als Kleinknecht hat er Gelegenheit, seine Fähigkeiten unter Beweis zu stellen, denn der träge und nicht sehr schlaue Tede Volkerts überläßt ihm bereitwillig sowohl das Rechnen als auch andere Deichangelegenheiten. Da der eifersüchtige Großknecht Ole Peters bald überall im Dorf verbreitet hat, wer nach Jahren der Schlamperei plötzlich den „lebhafteren Geschäftsgang" verursacht hat, erwachsen Hauke schon in dieser Periode die ersten Feinde, denn er sorgt dafür, daß Mißstände aufgedeckt und diejenigen, die sie geduldet bzw. verursacht haben, getadelt oder bestraft werden. Hauke genießt allerdings schon als sehr junger Mann den Respekt der Dorfbewohner. Der Deichgraf heißt zwar noch Tede Volkerts, aber in Wahrheit wird das Amt von Hauke geführt, das ist einige Zeit nach Haukes Dienstantritt den meisten im Dorf klar.

Nach dem Tode seines Vaters stellt sich für Hauke erneut die Frage nach der eigenen Zukunft, und der alte Traum vom Deichgrafenamt wird in ihm wieder lebendig. Kurz vor seinem Tode hatte Tede Haien seinem Sohn mitgeteilt, daß es ihm durch äußerste Sparsamkeit gelungen sei, den relativ kleinen Besitz während der Dienstjahre Haukes um einige Fennen zu vergrößern. Er hoffe, daß er damit seinen Sohn dem ersehnten Ziel, einmal Deichgraf zu werden, ein bißchen nähergebracht habe. Hauke ist durch die Worte seines Vaters aufgerüttelt und beginnt darüber nachzudenken, wie er den ererbten Vermögensgrundstock vergrößern könnte. Er ist fest entschlossen, hart dafür zu arbeiten.

Daß Haukes Wunsch schneller, als er es je zu hoffen gewagt hätte, in Erfüllung geht, verdankt er Elke, die ihr gesamtes

ererbtes Gut dem Verlobten vor der Hochzeit schon überträgt und dadurch auch die materiellen Voraussetzungen für Haukes Aufstieg schafft.
Die Tatsache, daß Hauke es mit Hilfe von Elkes Vermögen in so jungen Jahren zum Deichgrafen gebracht hat, veranlaßt eines Tages den alten Neider und Widersacher Ole Peters im Wirtshaus zu dem Ausspruch: „der alte wurde Deichgraf von seines Vaters, der neue von seines Weibes wegen.“ (Schimmelreiter, S. 747) Da vielen der neue Deichgraf wegen seiner strengen Amtsführung ein Dorn im Auge ist, findet Ole Peters' Boshaftigkeit den entsprechenden Beifall. Als Hauke das vielbelachte Wort Oles zu Ohren kommt, sind sein Stolz und sein Gerichtigkeitssinn aufs tiefste verletzt, und ein unüberwindlicher Haß setzt sich in ihm fest gegen alle, die seine harte Arbeit nicht anerkennen. Es drängt ihn, den Spöttern seine eigene Überlegenheit zu beweisen und ihnen zu zeigen, daß er nicht nur dank Elkes Vermögen der reichste Mann im Dorfe ist, sondern auch der tüchtigste.
In dieser Situation wird er wieder von einer Idee gepackt, die ihn schon als Junge beschäftigt hatte: Er möchte einen neuen, technisch perfekten Deich bauen, um ein großes Stück Vorland zu einem festen Kooge einzudeichen. Die Vorstellung, ein einmaliges Werk zu schaffen, das dem Wohl der Allgemeinheit und der Befriedigung seines Ehrgeizes und Tatendranges dienen würde, berauscht ihn und läßt ihn einen Augenblick den Groll gegen seine Widersacher vergessen. Er sieht plötzlich eine Möglichkeit, seine Verstandes- und Willenskräfte an der technischen Aufgabe zu messen und dabei seinen Gegnern die eigene Größe zu beweisen.
Sobald Hauke entschlossen ist, seine Idee in die Tat umzusetzen, konzentriert er seine Kräfte auf dieses Ziel hin. Er zieht sich noch stärker als zuvor aus der Gemeinschaft anderer Menschen zurück und benutzt die Zeit, die ihm nach Verrichtung seiner Amtspflichten verbleibt, für die Ausarbeitung der Pläne und Zeichnungen des neuen Deiches.
Als das Projekt schließlich von der übergeordneten Behörde genehmigt ist, fangen die Schwierigkeiten für Hauke erst an. Das Werk, das dem ganzen Dorf einen Zuwachs an fruchtbarem Boden und vor allem an Sicherheit vor der Gewalt des Meeres bringen soll, wird von den Bewohnern als eine unnötige Belastung an Arbeit und Kosten empfunden. Sie erbringen ihre Leistungen nur gezwungenermaßen, so daß Hauke auch gegen ihren passiven Widerstand ankämpfen muß. Hauke, der sich auch früher schon durch seine Kompromißlosigkeit viele Feinde gemacht hatte, verhärtet sich jetzt, angesichts ihrer uneinsichtigen, feindseligen Haltung immer mehr in Haß und Trotz und geht mit äußerster Härte gegen Faulheit und Nachlässigkeit an. Im Grunde genommen ist er seinen Mitmenschen immer fremd gewesen, und sie fürchten seine Unerbittlichkeit. Es ist daher nicht erstaunlich, daß Carstens Gerede vom Gespenster-Schimmel bei den abergläubischen Dorfbewohnern auf fruchtbaren Boden fällt. Abneigung und Furcht der Menschen finden sozusagen ein Ventil in abergläubischen Vorstellungen – dem ungeliebten Deichgrafen werden dämonische Züge beigelegt. „Die schon be-

stehende Spannung zwischen Hauke und seinen Leuten verschärft sich. Die ‚abergläubische Furcht' vor dem Schimmelreiter wird zu einer eigenen Realität, die nun ihrerseits die ablehnende Haltung der Leute und damit die Isolierung Haukes verstärkt." (V. Knüfermann 1967, S. 114) Es ist eine Ironie des Schicksals, daß sich gerade an dem Rationalisten Hauke der Aberglaube entzündet.
Der Konflikt spitzt sich während der Arbeiten an dem neuen Deich zu, als Hauke gegen die Leute einschreitet, die gemäß einem abergläubischen Brauch einen kleinen Hund in den Deich einmauern wollen, damit dieser auch dem Ansturm der Wellen standhalte. Nur das Eingreifen Jewe Manners kann verhindern, daß die Arbeiter Hauke offenen Widerstand leisten und die Arbeit niederlegen.
Als der Deichbau schließlich doch noch zu einem guten Ende gebracht ist und nach drei Jahren die Anteile am neuen Kooge verteilt sind, blickt Hauke voller Genugtuung auf sein Lebenswerk. Und als er eines Tages auf seinem Deich entlang reitet, hört er zufällig, wie ein Arbeiter zu einem anderen vom „Hauke-Haien-Koog" spricht, obwohl der offizielle Name „Karolinen-Koog" ist, genannt nach einer der herrschaftlichen Prinzessinnen. Im Hochgefühl dieses Augenblicks kommt es ihm so vor, als ob er hoch über allen anderen Friesen stünde und mitleidig auf sie herabblickte. Das Bewußtsein der eigenen Größe ist begleitet von der Überheblichkeit, die ihm sein Leben lang den Kontakt zu seinen Mitmenschen erschwert hat.
Er ist immer nur sich selbst, seiner Einsicht und seinem Willen gefolgt, er hat seine Entscheidungen einsam gefällt und von den anderen, die er unterlegen fühlte, Gehorsam verlangt. Erst als er nach einer schweren Krankheit in seiner Willenskraft geschwächt ist, folgt er gegen seine eigene Überzeugung dem Rat eines anderen und gerät dadurch ins Verderben. Auf seinem ersten Ausritt nach der Genesung entdeckt er zu seinem großen Schrecken einen schwerwiegenden Schaden am alten Deich und berichtet davon den Gevollmächtigten. Ole Peters und die anderen Männer aber wollen nichts von umfassenden Reparaturarbeiten wissen und werfen Hauke vor, mit seinem neuen Deich nur Ärger und Kosten verursacht zu haben. Zudem sei der Schaden nicht so schlimm, wie Hauke meine. Der Deichgraf, der dieses Mal nicht die Kraft hat, gegen den Widerstand anzugehen, erklärt sich bereit, bei Tageslicht noch einmal hinauszureiten, um die schadhaften Stellen in Augenschein zu nehmen. Tatsächlich kommt es Hauke am nächsten Tag selbst so vor, als ob er die Sache dramatisiert hätte, und er ist damit einverstanden, daß die schadhafte Stelle nur ausgebessert wird.
Nachdem die Arbeiten ausgeführt sind, scheint alles in bester Ordnung, und doch kommt es Hauke so vor, als ob er sich seinen Seelenfrieden mit einem Selbstbetrug erkauft hätte. Er hatte nachgegeben, obwohl er im Innersten von der Gefährlichkeit des Deichschadens überzeugt war. Als schließlich unter der Gewalt einer Sturmflut der alte Deich bricht, bekennt sich Hauke Haien zu seiner Schuld; er hatte sich durch Ole Peters und der anderen Widerstand zurückhalten lassen, den alten Deich zu er-

neuern, obwohl er die Möglichkeit einer Katastrophe gesehen hatte.
Haukes Untergang ist aber nicht nur als eine Folge seiner persönlichen Schuld anzusehen oder als Schuld der anderen Menschen, deren Bequemlichkeit und Dummheit den Fortschritt gehemmt hatten.
Hauke wird schließlich das Opfer der Naturgewalt, die er durch seinen Willen und seinen Verstand beherrschen und berechnen zu können geglaubt hatte, der er schon als Kind stolz und trotzig entgegengeschrien hatte: „Ihr könnt nichts Rechtes, wie die Menschen auch nichts können."

4. Stunde:
Die Begegnung des Menschen mit der Natur

Der realistische Hintergrund, in den Storm die Hauptperson seiner Novelle hineinstellt, ist die Weite und Öde der nordfriesischen Meereslandschaft mit den eingedeichten Koogen, mit Marsch und Geest und den darin liegenden kleinen Dörfern. Im Mittelpunkt der Landschaftsschilderung steht das Meer, das vor allem in seinem für den Menschen bedrohlichen Charakter dargestellt ist.
Zum ersten Mal finden wir in der Rahmenhandlung das Motiv des herbstlichen Sturmes, gegen den sich der einsam dahinreitende Mensch nur schwer behaupten kann. Heulende Böen versuchen ihn vom Deich herab in den sicheren Tod zu drängen – das Meer, gleich einem wilden Tier, schlägt „mit Wutgebrüll' (Schimmelreiter, S. 696) an den Deich. Selbst die Vögel scheinen angriffslustig Reiter und Pferd mit ihrem Geschrei zu umkreisen. Nicht nur das Geschrei der Vögel, das Heulen des Sturmes und das Toben des Meeres wirken auf den Menschen beängstigend, auch die optischen Eindrücke tragen dazu bei, daß er sich verloren und bedroht fühlt. Die „wüste Dämmerung" (Schimmelreiter, S. 696) des Oktobernachmittags läßt die Umrisse der Landschaft verschwimmen, schwarze Wolkenschichten, die der Sturm vor sich hertreibt, verdecken immer wieder das Mondlicht, der Reiter kann kaum die Hufe seines Pferdes erkennen. Das Motiv der Nacht ist genauso typisch für die Stormsche Landschaft im „Schimmelreiter" wie das Motiv der Einsamkeit des Menschen, der in diese Landschaft hineingestellt ist. In der Binnenerzählung ist immer wieder die Rede von Haukes einsamen Spaziergängen am Meer, seinem Dialog mit Wind und Wellen. Bis hin zur letzten großen Naturschilderung der Novelle finden wir den Außenseiter Hauke Haien immer allein in der Konfrontation mit den chaotischen Kräften des Meeres.
Das Meer in seiner Düsterkeit und Wildheit wird als existentielle Gefahr des Menschen gesehen, das Motiv des Todes ist daher eng mit dem Naturmotiv verbunden.
Von Beginn der Novelle an, ist im Bewußtsein des Lesers die tödliche Gefahr des Meeres gegenwärtig. „Du hättest versaufen können", tadelt Tede Haien seinen Sohn, der sich bei Sturm am Deich aufgehalten hat, und die spätere Beschreibung der im Februar angeschwemmten Leichen mit den schrecklich aufgetriebenen Leibern und riesigen

Köpfen verleiht seinen Worten nachträglich eine grausige Realität. Auch die mehrfache Erwähnung des ertrunkenen Sohnes der Trin Jans und der auf Jevershallig herumliegenden Tiergerippe mahnen an den Tod. Die katastrophale Sturmflut schließlich, deren Darstellung den dramatischen Höhepunkt der Novelle bildet, zeigt das Meer in seiner unbezwingbaren, alles verschlingenden Gewalt, der der Mensch hilflos ausgeliefert ist. „Aber Sturm und Meer waren nicht barmherzig" (Schimmelreiter, S. 806) heißt es bei der Schilderung des tragischen Augenblicks, als Hauke die Karriole mit seiner Familie den Wassermassen entgegenrasen sieht und in höchster Verzweiflung vergeblich gegen den Sturm anschreit, um sie zu warnen. „Eine Sündflut war's um Tier und Menschen zu verschlingen", „ein Brausen wie von Weltuntergang" (Schimmelreiter, S. 806) – diese Metaphern charakterisieren die verlorene Stellung des Menschen gegenüber der todbringenden Naturgewalt.

In der Darstellung des Meeres als finsterer, zerstörerischer Macht kommt ein irrationaler Aspekt der Natur zum Ausdruck, der durch die Einführung gespenstischer Elemente noch besonders betont wird. Dem Knaben Hauke scheint es, als ob in der Abenddämmerung im Nebel über dem Watt sich dunkle Gestalten „mit langen Nasen und Hälsen" (Schimmelreiter, S. 706) an den rauchenden Spalten auf und ab bewegten. Der Knabe fragt sich, ob es wohl die Geister der Ertrunkenen sind, die dort ihren seltsamen Tanz aufführen. Und es kommen ihm auch die „furchtbaren norwegischen Seegespenster" (Schimmelreiter, S. 706) in den Sinn, von denen ihm ein alter Kapitän erzählt hat.

Auch die kleine Wienke sieht später wie einst ihr Vater beim Spaziergang über den Deich die Gestalten aus den Spalten steigen, und sie fürchtet sich, weil sie glaubt, es seien die Seeteufel, von denen ihr die alte Trin Jans erzählt hat. Ein anderes eindrucksvolles Beispiel für solche übernatürlichen Erscheinungen ist die Begebenheit auf der Insel Jeverssand. Zwei Knechte Hauke Haiens haben eines Abends ein unheimliches Erlebnis, als sie beim Blick vom Deich in der Nähe der Hofstelle des Deichgrafen auf die kleine Insel Jeverssand den Eindruck haben, als ob ein dort schon seit langer Zeit liegendes Pferdegerippe sich verlebendigt hätte und im Mondschein spazierenginge. Der eine Knecht rudert zur Insel, um der Sache auf den Grund zu gehen, aber er sieht nur den ruhenden Kadaver. Als er wieder bei seinem Kameraden auf dem Deich angekommen ist, wiederholt sich das gespenstische Phänomen. Die beiden Jungen eilen verschreckt und schaudernd nach Hause, obwohl sich das Ganze doch eindeutig als optische Täuschung herausgestellt hatte.

Hauke Haien hingegen hatte als Knabe beim Anblick der gespenstischen Gestalten im Watt tapfer seine Furcht bekämpft und ihnen trotzig entgegengeschrien: „ihr sollt mich nicht vertreiben" (Schimmelreiter, S. 706). Er wehrte von Anfang an die Macht des Irrationalen entschieden ab und empfand die Gewalt und die Unheimlichkeit des Meeres als persönliche Herausforderung. Er sieht das Meer als einen Gegner an, dessen Stärke man rational einschätzen und be-

zwingen kann. Das technische Problem der Eindämmung wird ihm deshalb zum Prüfstein seines Könnens und seiner Willenskraft. Als der Deichbau nach vielen Schwierigkeiten abgeschlossen ist, beobachtet Hauke voller Triumph, wie die Wellen sanfter gegen das neue Profil schlagen.
Aber es zeigt sich, daß der Friede trügerisch war. Einige Jahre später steht Hauke inmitten eines Chaos von unvorstellbarem Ausmaß, und es scheint dem Entsetzten beim Anblick der entfesselten Naturgewalt „als sei hier alle Menschenmacht zu Ende, als müsse die Nacht, der Tod, das Nichts hereinbrechen" (Schimmelreiter, S. 802). Er war von zu Hause aufgebrochen wie ein todesmutiger Krieger. „Das ist unser Kampf" hatte er seiner entsetzten Frau gesagt und war auf sein Pferd gesprungen. „Gleich einem Streithengst, der sich in die Schlacht stürzt" (Schimmelreiter, S. 800) war der Schimmel mit dem Deichgrafen in Nacht und Sturm hinausgejagt. Aber in dem verzweifelten Kampf gegen die tobende Natur ist er von Anfang an zum Scheitern verurteilt. Hauke muß hilflos mitansehen, wie der alte Deich zusammenbricht und wie seine Frau und sein Kind von den Wassermassen verschlungen werden. Er hatte die Natur herausgefordert in dem Bewußtsein der eigenen Überlegenheit, der Schärfe seines Verstandes und der Stärke seines Willens. Aber sein Hochmut wird bestraft, und alle menschlichen Berechnungen erweisen sich schließlich als vergebens angesichts einer dämonischen Wirklichkeit.

5. Stunde: Die Naturdarstellung

Bereits in der Sachanalyse „Die Funktion der Rahmung" wurde darauf hingewiesen, daß der innere Rahmen in Intervallen die Binnenerzählung unterbricht, was jeweils auch dazu dient, die Naturstimmung einzufangen und die Rahmenerzählung motivisch mit der eigentlichen Erzählung zu verklammern. Das Motiv des stürmischen Herbstes, das leitmotivartig die eigentliche Erzählung vom Schicksal Hauke Haiens durchzieht, trägt zur strukturellen Einheit der Novelle bei. Die Rahmenhandlung selbst beginnt mit der Schilderung eines stürmischen Oktobernachmittags und endet mit dem Blick auf die sonnenbeschienene Meereslandschaft, die sich nach dem vorausgegangenen Unwetter friedlich vor den Augen des Reiters ausbreitet. Die Naturbeschreibung bildet somit den Einstieg und den Ausklang der Hauke-Haien-Geschichte.
Die Naturmotive bilden auch insofern einen Bezugspunkt der Handlung, als die anderen Hauptmotive eng damit verflochten sind. Der Unendlichkeit und Öde der norddeutschen Meereslandschaft stellt Storm den Außenseiter Hauke Haien gegenüber, der sich von Jugend an bewußt aus der Gemeinschaft der anderen Menschen zurückzieht und zunehmend innerlich vereinsamt. Das Naturmotiv ist so organisch mit dem Motiv der Einsamkeit verknüpft.
Auch die Verflechtung mit dem Todesmotiv trägt dazu bei, daß die Natur im „Schimmelreiter" unlösbarer Bestandteil der Novellenhandlung ist. Wie wir in der Sachanalyse „Die Begegnung des

Menschen mit der Natur" bereits ausgeführt haben, überwiegen bei den Schilderungen der Meereslandschaft im „Schimmelreiter" die düsteren Töne, das Meer erscheint als bedrohliche Macht, der immer wieder Mensch und Tier zum Opfer fallen. Hauke Haien, dessen Lebensziel es war, einen Schutzwall zu bauen, der für immer den menschlichen Bereich vor den Übergriffen der mächtigen Natur schützen sollte, wird am Ende genauso wie seine Frau und sein Kind von den Wellen verschlungen, die schon so oft Leben, Besitz und Arbeit der Menschen zerstört haben. Neben den Erzählpassagen, in denen die Natur als konkreter Landschaftshintergrund, als Stimmungsträger und als Handlungselement in längeren Schilderungen erfaßt wird, finden wir im gesamten Text zahlreiche Hinweise auf die Jahreszeit, den Monat, das Wetter und kürzere Beschreibungen der Naturstimmung. Das Vorwärtsschreiten der Handlung ist so begleitet von ständigen Hinweisen auf die Natur. Sie stellen die Übergänge zwischen den kleineren und größeren Abschnitten der Lebensgeschichte her und dienen auch der zeitlichen Raffung des Geschehens. Das Fließen der Zeit zeigt sich im stetigen und unendlichen Wandel der Natur. Auf dem Hintergrund dieser sich immer wieder erneuernden Natur erscheint die Vergänglichkeit des Menschen und seiner Werke um so deutlicher. Die symbolische Funktion der Naturdarstellung ist unverkennbar. Vor den Augen des Lesers rollt das Leben Hauke Haiens von der Kindheit bis zu seinem Tode in kontinuierlicher Folge ab, wobei Todesmotive und Vergänglichkeitsmotive von Anfang an auf die Schlußkatastrophe hindeuten. Die Novelle schließt aber nicht mit der Beschreibung von Chaos und Tod, sondern die Handlung wird abgerundet durch einen letzten Blick auf das beruhigte Meer, über dem eine strahlende Sonne aufgegangen ist. Die Natur zeigt sich am Ende als die beständige, ewige, am tragischen Schicksal des Menschen unbeteiligte.

Dem Meer kommt sowohl innerhalb des Handlungszusammenhangs als auch bei der Naturdarstellung eine entscheidende Rolle zu, da das Thema der Novelle der vergebliche Versuch eines Menschen ist, die Naturgewalt zu besiegen. Das Bild des Meeres trägt im „Schimmelreiter" durchweg düstere, unheilvolle Züge, es zeigt eine zerstörerische, unberechenbare Kraft, der der Mensch nicht gewachsen ist. Hauke hatte in festem Vertrauen auf sich selbst und seine Verstandeskräfte geglaubt, die Naturkräfte durch seinen Deich besiegt zu haben. Und doch „erweist sich schließlich alle menschliche Berechnung als nichtig. Gerade dadurch, daß der erkennende Mensch seine Sendung erfüllt und das Dunkel der Natur durch Verstand und Vernunft erleuchtet, fällt er der unergründlichen Numinosität zum Opfer" (Th. Kuchenbuch 1969, S. 203). Das Meer ist letztlich im „Schimmelreiter" Symbol für die Unergründlichkeit des Lebens, für jene Bereiche, die mit der Ratio nicht mehr zu durchleuchten sind. Die Natur, die als Realität in die Novelle aufgenommen ist, hat darüberhinaus also auch symbolische Funktion, indem sie insbesondere zwei Grundprobleme der menschlichen Existenz darstellt und widerspiegelt: die Macht der Zeit, die unaufhaltsam menschliches Glück, menschliche Werte und Leben überhaupt zerstört und die Macht des Irrationalen, die dem Menschen immer wieder die Grenzen seiner Vernunft bewußt werden läßt.

Die Natur im „Schimmelreiter“ symbolisiert allgemeine menschliche Probleme, und es spiegeln sich in ihr auch konkrete Vorgänge aus dem menschlichen Bereich. Das stürmische Novemberwetter während des Deichbaues z. B. hat seine Parallele in dem dramatischen Konflikt zwischen dem Deichgrafen und den Dorfbewohnern. Das „Geklatsch des Regens und das Brausen des Windes“ (Schimmelreiter, S. 776) geben den Hintergrund ab für die hektische Aktivität der Arbeiter und die herrischen Befehlsworte Haukes, der die Leute ermutigt, tadelt und antreibt. In dem Maße, in dem das Wetter sich verschlechtert, die Wellen immer bedrohlicher am Deich hinaufsteigen und der eiskalte Wind den Leuten den Atem abschneidet, steigert sich durch den Zwischenfall mit dem kleinen Hund auch die feindselige Spannung zwischen Hauke und seinen Leuten. Der dramatischen Naturkulisse entspricht die seelische Erregung der Menschen: der Zorn Haukes über den Aberglauben und der Haß der Männer als Reaktion auf die Unerbittlichkeit und Härte des Deichgrafen. Die Natur ist in der Novelle stets als Stimmungsträger und als Symbol gegenwärtig, und es ergibt sich dadurch eine Einheit von Handlung, Mensch und Landschaft.

Annette v. Droste-Hülshoffs „Judenbuche“

6. Stunde:
Die Umwelt Friedrichs (1)

Aus dem von der Dichterin selbst gewählten Titel „Ein Sittengemälde aus dem gebirgichten Westfalen“ geht eindeutig hervor, daß es A. v. Droste-Hülshoff bei der Novelle „Die Judenbuche“ um die konkrete Erfassung der sozialen Wirklichkeit eines westfälischen Dorfes ging und nicht nur um die Darstellung der charakterlichen Entwicklung Friedrich Mergels. Die Milieustudie, die die eigentliche Mergelgeschichte einleitet, stellt dann auch deutlich die Abhängigkeit moralischer von geographischen und sozialen Gegebenheiten heraus. Die Charaktereigenschaften der Dorfbewohner werden einmal als Folge einer Prägung durch die Eigentümlichkeiten der Landschaft und zum anderen als eine Reaktion auf gesellschaftliche Zustände gedeutet.

Das hervorstechendste Merkmal der Landschaft, in die das Dorf B. eingebettet ist, ist die Lage „inmitten tiefer und stolzer Waldeinsamkeit“, die die Bewohner stark isoliert und daher Originalität aber auch eine gewisse Beschränktheit der Menschen zur Folge hat. Wie sich im Verlauf der Erzählung zeigt, äußert sich diese Beschränktheit in der Bindung an abergläubische Vorstellungen und Vorurteile, die es mit sich bringen, daß Friedrichs Vater zum Gespenst des Brederholzes wird und der Knabe zum verspotteten Außenseiter, der für die Sünden des Vaters büßen muß.

Mit Beschränktheit ist in diesem Fall auch eine schrankenlose Subjektivität gemeint, die dazu führt, daß sich neben dem gesetzlichen Recht ein „wildes“ Recht herausbildet. Die Bauern erklären Wald und Tiere zum Allgemeinbesitz und versuchen, die Förster, die im Auftrage der Gutsherrschaft über die kostbaren Güter zu wachen haben, mit „List und Gewalt“ auszuschalten. Dieser Rechtsstandpunkt ist allen Dorfbewohnern gemeinsam, so daß man von einem „Recht der öffentlichen Meinung“ und von Solidarität im Handeln sprechen kann. Selbst der Ortsvorsteher, der tagsüber in der Gerichtsstube seinen Sitz einnimmt, beteiligt sich als Führer der Holzfrevler. Die Bauern, Hirten und Knechte führen also eine Art Doppelleben: Am Tage gehen sie ihrer Arbeit nach, und nachts ziehen sie heimlich beim Mondschein in den Wald, wobei es häufig zu gewaltsamen Auseinandersetzungen zwischen den Holzfrevlern und den Forstbeamten kommt, die sich ebenso ungesetzlich und brutal zur Wehr setzen. Die Waldüberwachung im großen Stil hatte eher eine zur Gewalttätigkeit aufreizende als eine abschreckende Wirkung. Als mildernde Umstände führt A. v. Droste-Hülshoff die Versuchung durch den Holzreichtum der Gegend und die Nähe des Flusses an, auf dem die Stämme relativ leicht abzutransportieren waren.

Schuld an der allgemeinen Rechtverwirrung waren nach Darstellung der Dichterin nicht zuletzt die „höchst einfachen und unzulänglichen Gesetze“, die die Nutzungsrechte nicht eindeutig regelten. Alfred Diem weist in seiner literatursoziologischen Studie darauf hin, daß der

Holzfrevel als Folge eines soziologischen Umbruchs verstanden werden muß, wodurch das Gleichgewicht von Rechten und Pflichten zwischen Grundherren und Bauern stark gestört war und die wirtschaftliche Misere die Bauern dazu zwang, sich durch den Verkauf des gefällten Holzes in den Produktions- und Handelsprozeß einzuschalten. (A. Diem 1974) Der Holzfrevel kann zwar moralisch verurteilt werden, aber ihn als etwas abgründig Böses zu deuten, wie es u.a. Benno von Wiese tut, wird sicherlich der gesellschaftlichen Wirklichkeit, die A. v. Droste-Hülshoff darstellen will, nicht gerecht. (B. v. Wiese 1956) In diesem Zusammenhang darf man die Aussage der Dichterin, daß in jener Zeit zwar „die Form schwächer, der Kern fester, Vergehen häufiger, Gewissenlosigkeit (aber) seltener" (Judenbuche, S. 883) waren, nicht außer acht lassen. Zwar ist das Rechtsgefühl dieser Gesellschaft aus den oben genannten Gründen geschwächt, das heißt aber nicht, daß das Dorf B. nur aus gewissenlosen Individuen bestünde. Letzte Instanz ist für die Droste in jedem Fall nicht das „äußere" Recht, sondern das Gewissen und die Verantwortung des einzelnen. Das menschliche Recht und das richterliche Urteil werden von der Dichterin als unzulänglich angesehen, die Unmöglichkeit, ein letztgültiges Urteil über einen Menschen zu fällen, wird am Beispiel Friedrich Mergels demonstriert. Deshalb bleibt der Hergang der in der Novelle vorkommenden Verbrechen im Dunkeln, die Schuldigen sind nicht eindeutig zu benennen. Es kommt der Dichterin gar nicht auf die Urteilsfindung an, vielmehr fordert sie in ihren Eingangsversen, die „Waagschale" wegzulegen, weil jedes menschliche Urteil schon den Irrtum in sich trägt.

7. Stunde:
Die Umwelt Friedrichs (2) (Der Einfluß des häuslichen Milieus)

Nach der Beschreibung der Landschaft und des sittlichen Zustandes der Dorfgemeinschaft, in die Friedrich Mergel hineingeboren wird, setzt A. v. Droste-Hülshoff ihr „Sittengemälde" mit einer ebenso realistischen Darstellung der häuslichen Verhältnisse Friedrichs fort. Das elterliche Haus und die häusliche Wirtschaft zur Zeit von Friedrichs Geburt bieten ein Bild völliger Verkommenheit und großer Armut, wobei sich in Garten, Haus und Hof dem aufmerksamen Beobachter noch die Zeichen einer vergangenen, besseren Zeit darbieten. Durch die Hereinnahme der Dimension „Vergangenheit" kommt eine innere Dynamik in die sachliche Beschreibung, die die Richtung angibt, in der sich das Schicksal der Hauptgestalten dieser Novelle vollzieht. Die wirtschaftliche Situation signalisiert fortschreitenden sozialen Abstieg: Der ehemalige Halbmeierhof ist verfallen, Grund und Boden werden von fremden Bauern genutzt und bewirtschaftet (man kann vermuten, daß Friedrichs Vater ihn an seine Gläubiger abtreten mußte). Schuld an dieser Entwicklung waren nach Aussagen der Dichterin nicht nur „Unglücksfälle", d.h. Mißernten oder ähnliches, sondern „Unordnung und böse Wirtschaft", die zu Lasten von Friedrichs Vater gehen. Die Verantwortung für den äußeren Verfall weist A. v. Droste-Hülshoff eindeutig dem Menschen zu. Auch eine literatursoziologische Interpretation, die aufzuzeigen versucht, wie die Veränderungen in der Sozialstruktur „jener Zeit" eine große Massenarmut zur Folge hatten, kann an dieser Tatsache nicht vorbeigehen.

Der Verfall von Haus und Hof ist dargestellt als eine Folge der Haltlosigkeit Hermann Mergels, der zur Zeit von Friedrichs Geburt zu den „gänzlich verkommenen Subjekten" im Dorf gezählt wird. A. v. Droste-Hülshoff berichtet, daß Hermann Mergel in seiner Jugend ein sogenannter „ordentlicher" Säufer gewesen sei, der nur an Sonn- und Feiertagen trank und während der Woche regelmäßig seiner Arbeit nachging. Erst als ihm seine erste Frau eine Woche nach der Hochzeit davonlief und sie wenig später vor Kummer starb, sei es mit Hermann Mergel immer mehr bergab gegangen. Er wird zum notorischen Säufer, der in betrunkenem Zustand randaliert und seine Frau verprügelt und der eines Nachts nach einem Hochzeitsgelage betrunken im Wald verunglückt. Die abergläubischen Dorfbewohner machen aus ihm eine Spukgestalt, das Gespenst des Brederholzes, dessen geschwollenes, blaues Gesicht angeblich manchem Hirten oder vorbeikommenden Betrunkenen des Nachts erschienen ist. Auch bei der Zeichnung der Gestalt Hermann Mergels spannt die Dichterin den Bogen von der Vergangenheit in die Gegenwart zur Zeit von Friedrichs Geburt, um die negative Entwicklung deutlich zu machen, die – sieht man einmal auf das Erzählganze – mit Friedrichs Selbstmord ihren Endpunkt erreicht.

Bei Margret Mergel ist der Abstieg noch drastischer, der Kontrast zwischen einst und jetzt erschreckend. Während sie in ihrer Jugend eine stolze Dorfschönheit war, klug und recht vermögend, steht sie an ihrem Lebensende als unordentliche, verkommene Alte da, die nicht mehr ganz klar im Kopf zu sein scheint und auf Almosen angewiesen ist. Die Stationen auf diesem Weg nach unten sind die Erniedrigung während ihrer Ehe mit Hermann Mergel, der Tod ihres Mannes unter beschämenden Umständen, die negative Wendung, die Friedrichs Charakter und sein Verhalten unter dem Einfluß des Oheims nehmen, die Rücksichtslosigkeit, die sie von ihrem Sohn zu ertragen hat und schließlich der Kummer und die Schmach nach dem Verschwinden Friedrichs.

Für Friedrich sind bei seiner Geburt die Weichen in gewisser Weise schon gestellt: Seine Eltern sind durch die Trunksucht des Vaters ins Dorfproletariat abgesunken, die häusliche Atmosphäre ist gekennzeichnet durch die Verkommenheit des Haushalt, den ständig betrunkenen Vater und die sich grämende oder resignierende Mutter.

Die Vaterfigur erhält für Friedrichs weiteres Leben eine überaus negative Bedeutung: Einerseits besteht zwischen Vater und Sohn eine starke emotionale Bindung, andererseits kann Hermann Mergel nicht Vorbild sein, sondern Friedrich wird seinetwegen sogar verspottet und zieht sich aus der Gemeinschaft der anderen Kinder und Jugendlichen zurück. Es fehlt ihm also sowohl der äußere Halt, den ein wirtschaftlich gesichertes Elternhaus bietet, als auch der innere Halt, den eine Vaterfigur, mit

der er sich hätte identifizieren können, garantiert hätte.
Es liegt auf der Hand, daß die innerlich gebrochene Persönlichkeit Margret Mergels auch nicht in der Lage ist, für Friedrich Stütze und Orientierungshilfe zu sein, um seine Entwicklung trotz der psychischen und sozialen Belastungen positiv zu steuern. Margret will zwar den Jungen zur Frömmigkeit erziehen und ihn vom „Saufen", „Stehlen" und „Lügen" (Judenbuche, S. 889) fernhalten, aber andererseits teilt sie die verworrenen Rechtsvorstellungen der Dorfgemeinschaft und vermittelt ihm die Überzeugung, daß Holzdiebstahl und Wilderei kein Unrecht sei, daß die Förster also lügen. Auch die Ansicht, daß Juden Menschen zweiter Klasse seien, gehört zu den Vorurteilen, die Margret dem Kind weitergibt und die Friedrich schließlich zum Verhängnis werden. Die recht äußerlich gebliebene Kirchenfrömmigkeit hingegen wird durch den Einfluß des Onkels völlig ihrer moralischen Wirkung beraubt.

8. Stunde:
Die Bedeutung des Oheims Simon für den Heranwachsenden

Simon Semmler hatte die Beziehung zu seiner Schwester Margret in dem Augenblick abgebrochen, als diese in die Heirat mit dem verkommenen Mergel eingewilligt hatte. Dem zielstrebigen Unternehmer und gerissenen Geschäftemacher war die Verkommenheit seines Schwagers ein Dorn im Auge. Erst drei Jahre nach dessen Tod taucht er wieder bei ihr auf, weil er sich für seinen Neffen Friedrich interessiert und Margret überreden möchte, ihm den Jungen anzuvertrauen. Man hatte ihm von der Geschicklichkeit und Schlauheit des zwölfjährigen Hirtenjungen berichtet und auch davon, daß dieser sich seit dem Tode seines Vaters völlig von seinen Altersgenossen zurückgezogen hatte, um dem Spott und den Prügeleien zu entgehen. Simon Semmler hatte auf Grund dieser Informationen beschlossen, seinen Neffen als Spitzel der „Blaukittel", der berüchtigten Holzfällerbande, deren Anführer er war, einzusetzen, denn die geistigen Fähigkeiten, die man Friedrich bescheinigte, sowie seine Außenseiterrolle schienen ihn für die Tätigkeit des Spions zu prädestinieren. Hinzu kam, daß sein Hirtenamt es ihm erlauben würde, ohne Verdacht zu erregen, nachts im Wald zu liegen, um gegebenenfalls die Männer beim Herannahen der Förster zu warnen.
In der Unterredung mit Margret zeigt sich, daß Simon so raffiniert ist, wie sein fein durchdachter Plan es vermuten läßt. Er versteht es, Margret über Friedrichs Charakter und Verhalten auszufragen, um herauszufinden, ob dieser auch wirklich zuverlässig ist, ohne daß die Mutter etwas von ihres Bruders dunklen Absichten argwöhnt. Es gelingt ihm, sie zu einer Art Adoption zu überreden, indem er die materiellen Vorteile herausstreicht, die dem vaterlosen und mittellosen Friedrich dadurch erwachsen würden und indem er eine Erbschaft für ihn in Aussicht stellt.
Tatsächlich bedeutet das Auftauchen Simon Semmlers den Wendepunkt im Leben Friedrichs. Er erhält durch die

Initiative des Onkels nicht nur eine gewisse wirtschaftliche Sicherheit, einen Halt und auch ein Vorbild, sondern er wird nach Jahren der gesellschaftlichen Isolation aus seiner bedrückenden Außenseiterrolle befreit. Die Veränderung seiner äußeren Lebensumstände hat deshalb eine erstaunliche Wandlung der Persönlichkeit zur Folge: Der vorher verträumte und eingeschüchterte Hirtenjunge trägt plötzlich eine „Haltung bewußter Würde und Selbständigkeit" (Judenbuche, S. 896) zur Schau, entwickelt sich zum besten Arbeiter seines Onkels und findet bald wegen seines hübschen, gepflegten Äußeren und seiner Geschicklichkeit im Dorf Beachtung.

Die Tatsache, daß jemand an seine Fähigkeiten glaubt und ihm sogar eine verantwortungsvolle Aufgabe innerhalb der von den Förstern gefürchteten und von der Dorfgemeinschaft respektierten „Blaukittel"-Bande zuweist, befriedigt seinen bisher unterdrückten Ehrgeiz und verleiht ihm ein vorher nie gekanntes Selbstbewußtsein.

Mit den entschlossenen Worten: „Mein Spielen ist vorbei, ich muß jetzt Geld verdienen" (Judenbuche, S. 897), mit denen er Johannes seine alte Holzschenvioline überreicht, nimmt er Abschied von seiner Kindheit, und aus seinen Worten klingt der Stolz über die neu gewonnene Selbständigkeit, die es ihm erlaubt, etwas zum Lebensunterhalt beizusteuern. Dies ist für ihn besonders wichtig, da er immer in größter Armut gelebt hat und die wirtschaftliche Lage seiner Mutter mit der Abtretung des letzten Stückes Ackerland an einen Gläubiger auf ihrem Tiefpunkt angelangt ist.

Friedrich scheint die einzigartige Möglichkeit zu bekommen, ein Selbstbewußtsein aufzubauen, zu sich selbst zu finden, um so die in der Kindheit begonnene innere Zerstörung der Persönlichkeit aufzuhalten. Der vorübergehende soziale Aufstieg zum Dorfelegant und Führer der Dorfjugend ist jedoch von vornherein auch ein moralischer Abstieg, da Friedrich sein Schicksal an das Simon Semmlers geknüpft hat, der von der Dichterin als teuflischer Verführer und Verbrecher gezeichnet wird. Sie beschreibt ihn als einen schon äußerlich unangenehmen Menschen, mit „vor dem Kopf liegenden Fischaugen" und einem „Gesicht wie ein Hecht", dem die roten Rockschöße beim Davongehen „wie Feuerflammen nachzogen" (Judenbuche, S. 893). Der äußeren diabolischen Erscheinung entspricht das Charakterbild, das A. v. Droste-Hülshoff von ihm entwirft. Der Leser erfährt andeutungsweise, daß Semmler in seiner Jugend in einem Vaterschaftsprozeß einen Meineid geleistet hat und später seinen leiblichen Sohn, den man Johannes Niemand nennt, als Schweinehirt bei sich beschäftigt. Während Semmler dem geschickten und ihm daher nützlichen Friedrich für seine Arbeit guten Lohn zahlt, läßt er dem verängstigten und tollpatschigen Johannes nur das Allernotwendigste zum Leben zukommen und kümmert sich ansonsten nicht um ihn.

Auch in seinem Verhalten gegenüber Margret und Friedrich zeigt er sich als der berechnende, skrupellose, nur auf materiellen Gewinn gerichtete Geschäftemacher. Durch Einschüchtern oder durch Schmeicheln bringt er sein „Opfer" dazu, seinen Plänen zuzustimmen.

Er schätzt die Stärken und Schwächen Friedrichs genau vorher ab und versteht es, sie für seine Zwecke nutzbar zu machen. Das nächtliche Gespräch im Brederholz ist bezeichnend für das raffinierte Vorgehen Simon Semmlers. Zuerst schüchtert er Friedrich ein, indem er ihm die Eiche zeigt, unter der sein toter Vater einst gefunden worden war und ihm so das Schreckliche und Unheimliche der damaligen Situation in Erinnerung ruft, dann versucht er den so Erschreckten für sich zu gewinnen, indem er vorgibt, Friedrichs Vater geliebt zu haben wie einen Bruder. Er weiß, daß Friedrich wegen seines Vaters verspottet und verachtet worden ist und er demjenigen dankbar sein wird, der etwas Positives über den Verstorbenen sagt. Semmler gewinnt auf diese Weise das Vertrauen Friedrichs und kann ihn dann in seinem Sinne beeinflussen. Er macht aus ihm nicht nur einen zuverlässigen Helfer und Komplizen seiner Holzdiebstähle, es fällt ihm auch nicht schwer, dem in seinen Rechtsvorstellungen sowieso verunsicherten Jungen die letzten moralischen Bedenken auszureden. Durch Verstellung und Lüge gelingt es ihm, Friedrich, der sich mitschuldig fühlt am Tod des Försters Brandes, davon zurückzuhalten, sein Gewissen in der Beichte zu erleichtern. Er stellt Friedrich, der ihn des Totschlags verdächtigt, als altes Weib hin, dessen Phantasie mit ihm durchgeht, obwohl dieser ihn auf das konkrete Indiz des fehlenden Axtstiels hin anspricht. Außerdem leitet er Friedrich bewußt in die Irre, indem er die zehn Gebote falsch zitiert und Friedrich als bösartigen Verräter hinstellt, der den armen, unschuldigen Onkel den hinterhältigen Pfaffen ans Messer liefern will. Friedrich läßt sich auch in dieser Nacht von der Argumentation des Onkels einschüchtern, und in der bald darauf stattfindenden Gerichtsverhandlung macht er keinerlei Andeutung, daß er etwas über den Hergang der Tat oder den Täter weiß.
Es zeigt sich also, daß Friedrich völlig dem Einfluß des Oheims erlegen ist. Er wird schuldig, weil er nicht seinem Gewissen folgt, sondern „sich daran gewöhnt(e), die innere Schande der äußeren vorzuziehen“ (Judenbuche, S. 913).

9. Stunde: Friedrichs seelische und soziale Entwicklung

A. von Droste-Hülshoff berichtet über das Leben ihres Helden von dessen Geburt bis zu seinem Selbstmord, sie vergegenwärtigt die entscheidenden Ereignisse, die seine Entwicklung bestimmten und charakterisiert die Umgebung und die Menschen, die ihn geformt haben. Friedrichs Fehlentwicklung wird in dieser Darstellung ganz klar als eine Folge der negativen Einflüsse gesehen, die von der Dorfgesellschaft und dem häuslichen Milieu insbesondere ausgegangen sind. Friedrichs sittliche Maßstäbe sind die Maßstäbe der Menschen, die ihn erzogen haben, sein Handeln orientiert sich am Handeln seiner Vorbilder, wobei dem Oheim eine entscheidende Bedeutung zukommt. Daß Friedrich diesen Einflüssen keine eigene moralische Kraft entgegenzusetzen hat, liegt wiederum an seiner psychischen und sozialen Ausgangssituation: Als Kind eines

Säufers und verarmten Halbmeiers gehört er von Geburt an dem Dorfproletariat an und muß außer den materiellen Folgen der Armseligkeit auch die Verachtung der Umwelt ertragen.

Als Hermann Mergel, der mit zärtlicher Liebe an seinem Sohn hängt, unter unwürdigen Umständen ums Leben kommt, wird Friedrich einer doppelten psychischen Belastung ausgesetzt: Er muß nicht nur mit dem Verlust des Vaters fertigwerden und mit dem Schock, den der Anblick des fürchterlich aussehenden Toten ihm versetzt hat, sondern er wird zudem wegen der Liederlichkeit seines Vaters zur Zielscheibe des Spottes der Nachbarn. Da der Neunjährige diesen Gemeinheiten nichts entgegenzusetzen hat, geht er ab und zu in blinder Wut auf die anderen Kinder los und zieht dabei wegen seiner noch mangelnden Körperkräfte den kürzeren. So wird er aus der Gemeinschaft verstoßen und zieht sich in seiner Hilflosigkeit in die Einsamkeit zurück, hütet die Kühe auf der Weide und träumt vor sich hin.

Die Außenseiterrolle, in die es gedrängt wird, hat für das Kind ein starkes Gefühl der eigenen Minderwertigkeit zur Folge, so daß einem starken Geltungsdrang und einem übergroßen Ehrgeiz, die nach Aussagen der Dichterin schon in Friedrichs Charakterveranlagung begründet sind, ein seiner selbst nicht sicheres Ich gegenüber steht. Diese Diskrepanz führt dazu, daß Friedrich ein außerordentlich verletzliches Ehrgefühl hat und auch später, als er sich auf Grund seiner praktischen Tüchtigkeit eine gewisse Achtung unter den Dorfbewohnern verschafft hat, immer unter dem inneren Zwang steht, es den anderen zeigen zu müssen. Friedrich gelingt es zwar, durch das Eingreifen des Onkels aus seiner Außenseiterrolle herauszukommen und durch seine neuen Aufgaben etwas Mut und Selbstvertrauen zu gewinnen, seine zur Schau getragene Selbstsicherheit ist jedoch mehr eine Herausforderung an die Umwelt, ein Ausdruck seines „grenzenlosen Hochmuts“ als ein Zeichen für die Festigung seiner Persönlichkeit. Friedrich geht es nicht so sehr darum, sich selbst zu bestätigen, daß er etwas kann, als seine Macht denjenigen zu beweisen, die ihn und seine Familie verachtet und verspottet haben. Er versucht durch Geld und teure Kleidung seine Umwelt zu beeindrucken, weil er am eigenen Leibe erfahren hat, daß das die Beurteilungskriterien der Gesellschaft sind, die ihn auf Grund von Vorurteilen ausgeschlossen hat.

Nur wenn man diese psychische Situation Friedrichs berücksichtigt, kann man verstehen, daß die Beschimpfung durch den Förster Brandes Friedrich zutiefst treffen und er sie als eine tödliche Bedrohung seiner schwer erkämpften und mühsam aufrechterhaltenen neuen sozialen Stellung empfinden muß. Brandes verhöhnt ihn nicht nur wegen seiner und der Mutter Armut, er droht ihm auch mit dem „Hundeloch“, und das würde für Friedrich den Weg ins soziale Abseits bedeuten. Friedrich gelingt es zwar, durch äußerste Selbstbeherrschung eine direkte Aggression gegen den Förster zu unterdrücken, aber seine starke innere Erregung zeigt sich in seiner physischen Reaktion: „er griff krampfhaft nach einem Aste. Er war totenbleich und seine Augen schienen wie Kristallkugeln aus dem Kopfe schießen zu wollen“ (Judenbuche, S. 904). Daß Friedrich den Förster auf den falschen Weg schickt und damit den „Blaukitteln" ausliefert, ist als Vergeltung und Abwehr zugleich zu verstehen: Vergeltung für die schmerzliche Verletzung seines Ehrgefühls und Abwehr einer existentiellen Bedrohung. Nach der Gerichtsverhandlung wird Friedrichs Verhalten noch stärker von Großspurigkeit und Aggressivität bestimmt, da er den geheimen Anschuldigungen die Stirn bieten will. Er zeigt sich auf jeder Kirchweih oder Hochzeit, um dort aufzutrumpfen und seine Führungsrolle geltend zu machen, weil sein schwankendes Selbstbewußtsein dauernde Bestätigung durch die Öffentlichkeit braucht.

Die nächtliche Begegnung mit dem Förster bleibt für Friedrich jedoch ohne schlimmere Folgen. Der Förster, der etwas über Friedrichs Spitzeltätigkeit hätte aussagen können, wird erschlagen, und niemand ist Zeuge des verhängnisvollen Gesprächs. Die Tatsache, daß sich die Auseinandersetzung nur zwischen Friedrich und dem Förster abgespielt hat, ist der entscheidende Unterschied zu dem Zwischenfall mit dem Juden Aaron, der sich vier Jahre später vor der Dorföffentlichkeit ereignet und in dessen Folge Friedrich aus dem Dorf B. flüchtet und als Mörder verfolgt wird.

Zunächst bietet das übermütige Treiben auf dem Hochzeitsfest Friedrich wieder einmal die Gelegenheit, in seine Rolle als Dorfelegant zu schlüpfen und durch auffallende Kleidung und großspuriges Benehmen die Blicke der Leute auf sich zu ziehen. Er führt sozusagen seine Schau auf, kommandiert seinen „Schützling" Johannes herum, führt vor der Gutsherrschaft einen rasanten Tanz auf und läßt sie anschließend als Sprecher der anwesenden Bauernjugend lauthals hochleben. Friedrich wird jedoch aus seiner Hochstimmung brutal herausgerissen, als man Johannes des Butterdiebstahls überführt. Friedrich fühlt sich durch die Peinlichkeit und Lächerlichkeit des Vorfalls und das allgemeine Gelächter in seiner eigenen Würde verletzt und sucht verzweifelt nach einem Weg, um sein Ansehen wieder herzustellen und sich selbst wieder in den Mittelpunkt der Bewunderung zu rücken. Die silberne Uhr, die er hervorzieht, scheint ihm das geeignete Mittel, die Spötter zum Schweigen zu bringen und seinen „Nebenbuhler" Wilm Hülsmeyer zu beeindrucken. Gerade in diesem Augenblick, als er versucht, sein inneres Gleichgewicht wiederzufinden, entzieht ihm der Jude Aaron endgültig den Boden unter den Füßen, indem er ihn vor allen Leuten als Hochstapler entlarvt. Er geht „blaß (...) wie ein Tuch" vom Platz, verfolgt vom „unauslöschliche(n) Gelächter" (Judenbuche, S. 918) der Hochzeitsgäste. Für Friedrich, dessen Selbstwertgefühl völlig von der Meinung und Haltung der anderen Leute abhängt, bedeutet diese Demütigung die völlige Vernichtung seiner neuen sozialen Existenz.

Als der Jude Aaron erschlagen aufgefunden wird, ist man sofort bereit, dem Außenseiter die Tat zuzuschreiben. Die Hochzeitsgäste einschließlich des Gutsherrn sind Zeugen des Auftritts gewesen, und da man Friedrichs Hochmut und heftiges Temperament kennt, scheint es offensichtlich, daß er sich für die Kränkung seines Selbstgefühls gerächt hat. Als er anschließend die Flucht ergreift, wird vielen der Verdacht zur Gewißheit. Die Dichterin selbst läßt die Schuldfrage offen. Einerseits deuten die Indizien auf eine Täterschaft Friedrichs, andererseits geht aus dem Brief des Gerichtspräsidenten zu P. hervor, daß ein anderer Jude ebenfalls der Tat verdächtig ist. Sicher ist nur, daß es Friedrich nicht gelungen ist, das Kindheitstrauma seiner Herkunft und der erlittenen Schmähungen zu überwinden. Die öffentliche Blamage genügt, um Friedrich in den Zustand der Ich-losigkeit zurückzuwerfen, da mit der Zerstörung seiner sozialen Rolle auch seine Scheinexistenz in sich zusammenfällt. Der Selbstmord achtundzwanzig Jahre später ist damit als Zeichen eines völligen inneren Zusammenbruches zu betrachten.

10. Stunde:
Die Rolle der Natur

Die Novelle beginnt mit der Schilderung der Schönheit und Urwüchsigkeit der Gebirgs- und Waldlandschaft Westfalens, in der die Menschen des Dorfes B. und auch der Held der Novelle zu Hause sind. Die Landschaft erscheint neben der familiären Herkunft und der gesellschaftlichen Konstellation als einer der Faktoren, die den Charakter des Menschen prägen und sein Schicksal bis zu einem gewissen Grade determinieren. Dieser Gedanke der schicksalhaften Verflochtenheit des Menschen mit dem landschaftlichen Milieu, in dem er aufwächst, gibt den realistischen Naturszenen der Novelle eine über die bloße Hintergrundfunktion und Wirklichkeitserfassung hinausgehende Bedeutung. Die Natur ist in auffälliger Weise in die Novellenhandlung einbezogen, das Brederholz mit seinen Eichen und Buchen wird zum Ort, an dem sich menschliches Schicksal vollzieht.

Leitmotivartig und damit bedeutungsvoll ist nicht nur der Hinweis auf das Brederholz – eine symbolische Konzentrierung zeigt sich auch darin, daß fast alle entscheidenden Szenen bei Nacht spielen. Hermann Mergel verunglückt in einer Gewitternacht betrunken im Brederholz. Man findet ihn äußerlich entsetzlich zugerichtet am Fuße einer Eiche. Das Unglück selbst wird nicht in der Novelle dargestellt, aber A. v. Droste-Hülshoff schildert, wie der neunjährige Friedrich das Gewitter und die dramatischen Vorgänge, als man den toten Vater nach Hause bringt, akustisch von seinem Bett aus miterlebt. Das „mannigfache Geräusch und Getöse", das Wind und herabprasselnder Regen verursachen, wird von Friedrich als unheimlich und bedrohlich empfunden: „Im Schornstein rasselte es wie ein Kobold", „der Wind zischte wie eine Schlange durch die Fensterritze" (Judenbuche, S. 887). Dem Kind kommt es vor, als ob sich die Gegenstände im Haus verlebendigt hätten und ihr Unwesen trieben.

Später, als man den Leichnam des Vaters ins Haus geschafft hat, sieht Friedrich nur das leichenblasse Gesicht der Mutter und ist zu Tode erschrocken. Dann liegt er innerlich aufgewühlt in seinem Bett, und da er nicht sehen kann, was vor sich geht und auch die gesprochenen Worte nur zum Teil versteht, nimmt er die Geräusche, die zu ihm dringen, in einem Zustand äußerster innerer Spannung und Furcht auf. Das Knistern des Feuers, das Hin- und Herlaufen in der Küche, Flüstern und Gemurmel, unerklärliche Geräusche „wie von Hin- und Herrutschen und Bürsten" erregen die Phantasie des Kindes, und das Seufzen der Mutter erfüllt es mit Grauen.

Da die Vorgänge dieser Nacht aus der Perspektive des Kindes dargestellt sind, wird die symbolische Verknüpfung der Unheimlichkeit des Gewitters mit dem Grauen des Todes für den Leser besonders eindringlich.

Das Motiv des nächtlichen Gewitters taucht an einer späteren Stelle der Novelle wieder auf, und auch dort ist der beängstigende Naturvorgang verbunden mit einem furchtbaren Ereignis in der Menschenwelt. Während um Mitternacht ein furchtbarer Sturm tobt, der die Ziegel vom Dach hebt, sind im Schloß des Gutsherrn die Hausfrau und die Dienerschaft verängstigt zum Gebet versammelt. Einem furchtbaren Donnerschlag, der alle zusammenfahren läßt, folgt unmittelbar der dramatische Auftritt der Frau Aarons mit der Nachricht von der Ermordung ihres Mannes. Wie Hermann Mergel ist auch der Jude Aaron während des Gewitters im Brederholz gefunden worden, in beiden Fällen scheint der Aufruhr in der Natur Sinnbild für die gestörte menschliche Ordnung. Während das Brederholz für Hermann Mergel Endstation eines aus eigener Schuld zerstörten Lebens ist, wird es im Fall des Juden Aaron zum Ort der Gewalt und die Judenbuche zum Zeugen fremder Schuld.

Die Frevel der Menschen vollziehen sich aber nicht nur *in* der Natur, sondern auch *an* der Natur. Friedrich als Mitglied der Blaukittelbande versündigt sich an beiden Bereichen, an der Natur und an den Menschen. Durch seine Spitzelfunktion ermöglicht er die Verwüstungen am Waldbestand, und er wird mitschuldig am Tod des Försters Brandes. Es ist kein Zufall, daß die entscheidenden Worte zwischen Friedrich und seinem Oheim, die den Wendepunkt in Friedrichs Dasein markieren, beim nächtlichen Gang durch das Brederholz gewechselt werden. Von diesem Ort aus weisen die Schicksalsfäden in die Vergangenheit und in die Zukunft.

„Unter dem Schirme einer weiten Buche" (Judenbuche, S. 894), der späteren Judenbuche, verleugnet Friedrich das Gebet mit der Mutter, da er durchtrieben genug ist, um herauszuspüren, daß diese Haltung dem Onkel gefallen würde. Und inmitten der von den „Blaukitteln" wüst in den Wald geschlagenen Lichtung, neben der Eiche, an deren Fuße sein Vater einst gefunden wurde, gelingt es Simon, den verängstigten Friedrich auf raffinierte Weise gleichzeitig einzuschüchtern und an sich zu binden.

Das „Bild seiner Zukunft" erscheint ihm nicht nur in Gestalt seines Oheims, dem er ähnlich ist und dem er nachzueifern bemüht ist, sondern das Brederholz selber ist in dieser Nacht Sinnbild seiner Zukunft: Der Mond enthüllt die Zerstörungen, welche die Holzfällerbande angerichtet hat und deutet zugleich voraus auf Friedrichs eigene Rolle als Spitzel der „Blaukittel" und auf seine Mitschuld am Tode des Försters.

Schauplatz des folgenschweren Zusammentreffens zwischen Friedrich und dem

Förster Brandes ist der Eingang einer Talschlucht in der Morgendämmerung. Vom Wald her hört man von Zeit zu Zeit die krachenden Axtschläge der „Blaukittel". Das Motiv des Frevels am Wald ist wie auch in der vorher analysierten Naturszene gegenwärtig. Der Mond steht noch am Himmel, aber das Morgenrot steigt bereits herauf und taucht die Landschaft ins Zwielicht. In den Minuten, in denen sich der Wechsel zwischen Tag und Nacht vollzieht, spielt sich zwischen Friedrich und dem Förster ein feindseliger Dialog ab, an dessen Ende Friedrich den Förster durch eine Lüge in den Tod schickt.

Friedrich versucht den Förster über seine Spitzeltätigkeit zu täuschen, und Brandes, aus Wut über die durchschaute List und im Bewußtsein seiner Ohnmacht, beschimpft Friedrich und versucht ihn zu erniedrigen, indem er ihm seine Herkunft und die Armut seiner Mutter vorwirft. Das Gespräch hat keine Zeugen, sein Sinn wäre für einen Dritten auch kaum verständlich gewesen, da Brandes seine Beschuldigung nicht direkt ausspricht und Friedrich, der weiß, daß der Förster keine Beweise hat, sich dumm stellt. Das versteckte Frage- und Antwortspiel erhält seine Dramatik vor allem aus dem Gegensatz zwischen dem bedrohlichen Wutanfall des Försters und Friedrichs scheinbarer Ruhe, hinter der sich eine äußerste innere Anspannung und Erregung verbirgt. Die Unaufrichtigkeit Friedrichs, der Widerspruch zwischen seiner äußeren Haltung und seinen Gefühlen und Gedanken gibt der Szene eine ungeheure Spannung. Durch eine Lüge schickt Friedrich den Förster schließlich in eine Falle, und er rächt sich damit für die Beleidigungen, die der Förster in seiner Wut gegen ihn ausgestoßen hat. Die Buche, an der entlang der Förster den falschen Weg einschlägt, wird durch Friedrich an der tödlichen Lüge beteiligt und somit im Gesamtzusammenhang der Novelle Symbol für menschliche Schuld und menschliches Unglück. Sie, unter der der Jude Aaron erschlagen wurde, wird von der Judengemeinde gekauft, und in die Rinde wird der Spruch eingehauen: „Wenn du dich diesem Orte nahest, so wird es dir ergehen, wie du mir getan hast." Während ringsumher im Brederholz alles abgeholzt wird, bleibt die Buche wie ein Mahnmal einsam stehen. Das alttestamentarische „Auge um Auge, Zahn um Zahn", das Aarons Frau nach der Entdeckung des Verbrechens in großer Erregung hervorgestoßen hat, soll nach dem Willen der Juden an diesem Orte Wirklichkeit werden.

Als Friedrich nach achtundzwanzig Jahren türkischer Gefangenschaft als körperlich und geistig gebrochener Mann in sein Heimatdorf zurückkehrt und sich nach Ablauf einiger Monate in der Judenbuche erhängt, scheint die Forderung der Bucheninschrift nach gnadenloser Vergeltung sich erfüllt zu haben. Der Tote hängt halb verwest in den Ästen der Judenbuche, als der Förster Brandes ihn entdeckt. Im Gegensatz zu den voraufgegangenen Naturszenen, die bei Nacht spielen, handelt es sich diesmal um einen drückend heißen Herbsttag. Die Symbolik scheint eindeutig: Der Schuldige wird im unbarmherzigen Licht des Tages von dem Mann entdeckt, dessen Vater einst von Friedrich in den Tod geschickt wurde. Die Juden hatten ihre

Rache einer höheren Gerechtigkeit überantwortet, die sich durch die Buche vollziehen sollte, und es scheint tatsächlich so, als ob Friedrich sich dem Bannspruch nicht hatte entziehen können. Es finden sich mehrere Hinweise, die dafür sprechen, daß Friedrichs Selbstmord nicht eine freie Entscheidung seines Gewissens gewesen ist, sondern daß ein innerer Zwang ihn zu diesem Schritt getrieben hat. Friedrich hatte bei seinen Botengängen für den Gutsherrn erhebliche Umwege in Kauf genommen, um den Weg durch das Brederholz zu vermeiden, obwohl jeder Schritt für den verkrüppelten Mann schmerzlich sein mußte. Später erfährt man, daß Friedrich sich zwei Tage lang um das Brederholz herumgetrieben und am Waldrand Löffel geschnitzt hatte, bevor er sich schließlich in der Buche erhängt hatte. Es scheint so, als ob Friedrich vergeblich versucht hatte, sich einem Schicksal zu entziehen, das unauflöslich mit dem Brederholz verknüpft war: Mit dem schändlichen Tod des Vaters im Brederholz hatte das Verhängnis seinen Anfang genommen, mit dem Selbstmord in der Buche ist die Endstation eines verfehlten Lebens erreicht. Friedrich ist nach eigener Aussage zurückgekehrt, um wenigstens auf einem katholischen Friedhof begraben zu werden, aber schließlich wird er als Namenloser auf dem Schindanger verscharrt.

Obwohl Friedrich erfahren hat, daß man ihn seit dem Brief des Gerichtspräsidenten nicht mehr für den Mörder des Juden hält, versteckt er sich weiter hinter der Maske des Johannes Niemand. Er hat keine eigene Identität mehr. Das Zerschneiden des Löffels am Rande des Brederholzes ist Sinnbild für die völlige Sinnlosigkeit seines Daseins.

11. Stunde:
Die Struktur der „Judenbuche"

„Besitzen Kurzerzählungen eine ‚lange' Geschichte, so ergibt sich gewöhnlich ein sehr zerklüftetes Erzählgerüst; die einzelnen Knotenpunkte des Geschehens werden dadurch noch besonders akzentuiert, daß zwischen ihnen beträchtliche Lücken oder im Überflug erfaßte Zeitspannen Übergänge bilden." (E. Lämmert 1955, S. 30). Diese Feststellung trifft in besonderem Maße auf A. v. Droste-Hülshoffs „Judenbuche" zu, da hier ein umfangreicher Stoff – fünfzig Jahre eines Menschenlebens von der Geburt bis zum Tod des Helden und darüberhinaus noch das Leben der Eltern – in eine äußerst knappe Darstellung gebracht ist. Aus dem Lebenszusammenhang hat die Dichterin fünf Einzelereignisse herausgegriffen, während die Zeiträume dazwischen ausgespart bzw. kurz berichtet werden. Die Novelle ist nicht auf ein außerordentliches Ereignis hin strukturiert, sondern „es sind verschiedene, in Vorgang umgesetzte Situationen, die aber jedesmal Gipfelcharakter haben, und die in ihrer Verknüpfung so etwas wie eine elektrische Kette ergeben" (B. v. Wiese 1956, S. 158). Jedes dieser entscheidenden Ereignisse wird durch eine exakte Zeitangabe eingeleitet, so daß der Eindruck einer nüchternen Chronik entsteht: Friedrichs Geburt 1738, der Tod des Vaters neun Jahre später, die ‚Adoption' durch den Oheim in Friedrichs zwölftem Lebensjahr, der

Tod des Försters 1756, der Mord an Aaron 1760 und schließlich der Selbstmord Friedrichs 1788. Nach der Schilderung des ‚äußeren' Milieus (Landschaft und Einwohner des Dorfes B.) und des häuslichen Milieus zur Zeit von Friedrichs Geburt geht die Erzählung übergangslos zum ersten Erzählgipfel über: „Friedrich stand in seinem neunten Jahr. Es war um das Fest der heiligen Drei Könige, eine harte, stürmische Winternacht." Dem ersten dramatischen Ereignis der Novelle, der Ankunft der Männer mit dem toten Hermann Mergel, geht ein Dialog zwischen Mutter und Sohn während des Gewitters voraus, und ein zweites Gespräch, in dessen Verlauf Margret den Sohn zur Frömmigkeit ermahnt, schließt sich an.

Zwischen dieser Begebenheit und dem nächsten Erzählgipfel, dem Auftauchen des Oheims im zwölften Lebensjahr Friedrichs, findet sich als Übergang ein knapper, analysierender Bericht über die Folgen, die der Tod des Vaters für Friedrichs psychische und soziale Entwicklung hatte.

Die sich anschließende Erzählphase gliedert sich in drei Abschnitte:

1. die Ankunft Simon Semmlers (Dialog zwischen Margret und Simon)
2. der Gang durch das Brederholz (Dialog zwischen Friedrich und dem Oheim)
3. das Erscheinen des Doppelgängers Johannes (Dialog zwischen Margret und Johannes)

Der nächste Ausschnitt aus Friedrichs Leben, den A. v. Droste-Hülshoff gestaltet, ist die verhängnisvolle Begegnung mit dem Förster Brandes. Die vier Jahre, die zwischen der ‚Adoption' durch den Oheim und diesem Ereignis liegen, werden übersprungen, die Entwicklung, die Friedrich unter der Führung des Oheims nimmt, wird kurz analysiert und zusammenfassend berichtet. Die Erzählung setzt wieder ein im Jahre 1756, wobei dem eigentlichen Vorgang ein einleitender Bericht über die Aktivitäten der ‚Blaukittel' zu jener Zeit vorangestellt ist. Die zunächst beschriebene Situation des anscheinend friedlich im Grase träumenden Friedrich spitzt sich in dem Dialog mit Brandes dramatisch zu und endet mit dem Verschwinden des Försters an der Buche.

Aus den sich anschließenden Szenen in Margrets Haus erfährt der Leser von den tödlichen Folgen dieser Begegnung, und aus dem Verhalten und den Äußerungen Friedrichs und der anderen beteiligten Personen, Amtsschreiber Kapp und Johannes, kann er vermuten, daß Friedrich eine Mitschuld an der Mordtat trägt.

Dem sachlichen Bericht über die Gerichtsverhandlung und dem Hinweis der Dichterin auf den nie geklärten Ausgang der Geschichte folgte als Abschluß der Episode ein Dialog, in dessen Verlauf der Oheim Simon Semmler Friedrich die Beichtabsicht ausredet. Wie in den vorher beschriebenen Erzählabschnitten ist auch hier der Dialog das Mittel zur Gestaltung der menschlichen Krisis. Wie im Anschluß an die vorher erzählte Begebenheit fügt die Dichterin auch dieses Mal eine kurze Analyse von Friedrichs Charakterentwicklung und einen zusammenfassenden Bericht über sein Verhalten nach dem Förstermord an.

Ein Zeitsprung leitet zur nächsten Erzählpartie über: Die Dichterin geht über

vier Jahre hinweg und versetzt den Leser in das Jahr 1760 mitten hinein in eine Dorfhochzeit, die für Friedrich eine dramatische Wendung nimmt. Mehrere Erzählhöhepunkte reihen sich in schneller Folge aneinander: Der Butterdiebstahl des Johannes und die öffentliche Bloßstellung Friedrichs durch den Juden Aaron, zwei Szenen, die sich kurz hintereinander während des Festes abspielen, und dann der drei Tage später sich ereignende Auftritt der Frau Aarons im Schlosse des Gutsherren.
Nach der Flucht Friedrichs und der Durchsuchung seiner Kammer durch den Amtsschreiber Kapp und Herrn von S. findet diese Episode ihren vorläufigen Abschluß, als die Juden die Buche, unter der Aaron vermutlich ermordet worden ist, kaufen und den Bannspruch in die Rinde hauen. Es scheint an dieser Stelle, als ob Friedrich der Mörder gewesen sei, der sich rechtzeitig in Sicherheit gebracht hat, und daß die Juden die Rache einer höheren Gerechtigkeit übertragen hätten. Aber mit der Erwähnung des Briefes des Gerichtspräsidenten zu P. rückt die Dichterin die Angelegenheit in ein anderes Licht, so daß der Leser keine endgültige Klarheit über den Fall gewinnen kann.
Die nächste und letzte Erzählphase setzt 28 Jahre später ein, als der kranke und verkrüppelte Friedrich in sein Heimatdorf zurückkehrt. Von dem, was Friedrich in diesem langen Lebensabschnitt wiederfahren ist, erfährt der Leser nur Bruchstückhaftes aus dem Gespräch mit dem Gutsherren. Auch über die neun Monate, die Friedrich noch in seinem Dorf verbringt, geht die Erzählerin schnell hinweg. Nur ein kurzes Gespräch finden wir noch, das auf das kommende Unglück vorausdeutet. Friedrich spricht dort zu der Gutsherrschaft davon, daß er das Brederholz wegen seiner „Kreuz- und Querwege" fürchte und deshalb meide. Zielstrebig geht die Erzählung auf ihren letzten Höhepunkt zu, die Auffindung des Erhängten in der Judenbuche und seine Identifizierung als Friedrich Mergel.
Fünf Ausschnitte aus dem Leben des Helden hat die Dichterin gestaltet, es sind Stationen eines Schicksalsweges, der mit unerbittlicher Konsequenz auf ein tragisches Ende hinsteuert. Die einzelnen Begebenheiten, die zeitlich z.T. weit auseinander liegen und den Helden jeweils in einer anderen Lebenssituation zeigen, verknüpfen sich zu einer Einheit durch das Motiv des Brederholzes, das unbeeinflußt vom Wandel der Zeit als Zentrum des dramatischen Geschehens bestehen bleibt. Die Judenbuche, die als Symbol für menschliche Schuld und menschliches Unglück, aber auch als Zeichen waltender Gerechtigkeit gedeutet werden kann, ist der strukturelle Integrationspunkt der Novelle.

12. Stunde: Erzählweisen in der „Judenbuche"

A. Droste-Hülshoff erzählt das Leben Friedrich Mergels nicht in Form eines kontinuierlichen Berichtes mit allmählichen Übergängen, sondern wie bereits früher (siehe S. 34) dargestellt, hat sie einige Krisensituationen aus dem Lebenszusammenhang herauskristallisiert, die sich zu einer Ereigniskette zusammenfügen. Die Verbindungen zwischen den Gliedern dieser Kette sind z.T. durch weiterführenden oder raffenden Bericht hergestellt, so daß wir einen dauernden Wechsel im Erzählstil vorfinden. Während an den Knotenpunkten der Geschichte erzählte Zeit und Erzählzeit sich fast decken, herrscht in den berichtenden Erzählpartien das Prinzip starker Raffung, was bis zur Aussparung sehr langer Zeiträume geht. („Eine schöne, lange Zeit war verflossen, achtundzwanzig Jahre, fast die Hälfte eines Menschenlebens ...“ (Judenbuche, S. 926). Da die Stellen des Zwischenberichtes sehr knapp gehalten sind, bleibt die Vergegenwärtigung des Geschehens im Vorgang die vorherrschende Erzählweise. Das Geschehen verdichtet sich an den Gipfelpunkten zu dramatischen Szenen, in denen die jeweiligen Personen im Dialog den Konflikt vor den Augen des Lesers austragen und dieser sich mitten in das Geschehen hinein versetzt fühlt. Gespräche und Vorgänge werden von der Erzählerin nicht kommentiert, so daß der Leser seine Schlüsse selbst ziehen und an mehreren Stellen die Zusammenhänge erraten muß. Daß Simon Semmler in seiner Jugend in einem Vaterschaftsprozeß einen falschen Eid geleistet hat, wird nicht ausgesprochen, man kann diesen Sachverhalt nur aus dem Verhalten Margrets und dem kurzen Wortwechsel zwischen ihr und Johannes rekonstruieren. Auch das Gespräch zwischen dem Förster Brandes und Friedrich bleibt unverständlich, wenn man sich nicht bemüht, das Ungesagte zu erraten und so die Situation zu durchschauen.

Allerdings finden wir auch Passagen, wo die Dichterin sich außerhalb des Geschehens stellt und die jeweilige Situation Friedrichs und seine charakterliche Entwicklung zusammenfassend analysiert. Jeweils im Anschluß an die Darstellung eines für Friedrich entscheidenden Erlebnisses (Tod des Vaters im 9. Lebensjahr; Adoption durch Simon Semmler im 12. Lebensjahr; Tod des Försters im 18. Lebensjahr) beschreibt die Dichterin die Folgen für seine psychische und soziale Entwicklung und leitet damit zugleich zur nächsten Erzählphase über.

Diese ‚zeitlose Erzählweise‘ der Beschreibung finden wir auch am Novellenanfang, wo A. v. Droste-Hülshoff die Landschaft und ihre Bewohner ausführlich charakterisiert.

Vergleich der Erzählhaltung beider Novellen

13. Stunde:
Die Haltung der Erzähler in „Schimmelreiter" und „Judenbuche"

Bei beiden Novellen ist der Anteil der in den Text eingebrachten Wirklichkeit bedeutsam, sowohl was den landschaftlichen als auch was den geschichtlichen Hintergrund anbetrifft. Beide Dichter machen ihre Heimat, mit deren Atmosphäre, Leuten und Sitten sie aufs engste vertraut waren, zum Ort der Handlung. Sowohl A. v. Droste-Hülshoff als auch Th. Storm haben, was den Stoff der Erzählung anbetrifft, auf historische Quellen zurückgegriffen. Die Gerichtsakte über den ‚Algerier Sklaven' Johannes Winkelhagen enthält bereits das Motiv des Judenmordes und der Buche, an der sich der Täter selbst gerichtet hat. Für die Konzeption der Hauke-Haien-Gestalt stand zwar keine bestimmte Persönlichkeit Pate, aber Storm hat Anregungen in den Lebensgeschichten berühmter nordischer Männer wie Hans Mommsen gefunden, bei denen er auch Einzelzüge für seinen Helden entlehnte. A. v. Droste-Hülshoff betont ausdrücklich, daß sie eine wahre Begebenheit berichte und nennt als Ziel die objektive Darstellung der Fakten. „Es würde in einer erdichteten Geschichte unrecht sein, die Neugier des Lesers so zu täuschen. Aber dies alles hat sich wirklich zugetragen, ich kann nichts davon oder dazutun." (Judenbuche, S. 912). Sie versteht sich als unparteiische Erzählerin, die im Stil der Chronik mit genauen Zeitangaben am Beginn der einzelnen Novellenabschnitte nüchtern berichtet. Ihre persönliche Meinung zu dem Kriminalfall oder ihre Gefühle gegenüber dem Helden gibt sie abgesehen von den Eingangsversen nicht preis, sie bleibt bis zum Schluß objektiv und unerbittlich in ihren kurzen Analysen des Charakters und der Situation ihres Helden.
Mit der Außensicht der Erzählerin hängen auch die Erzählweisen der Novelle zusammen. Bericht und Beschreibung halten sich an die äußere Wirklichkeit und an Fakten. Der Leser erfährt nichts darüber, was im Helden vorgeht. In der szenischen Darstellung hört er nur Worte und sieht Reaktionen, die von der Erzählerin nicht erklärt oder kommentiert werden. Der Leser muß versuchen, die logischen Verbindungen selbst herzustellen, vor allem da auch von den Fakten manches im Dunkeln bleibt. Die Verbrechen werden letztlich nicht aufgeklärt und schon als gesichert geltende Urteile im Nachhinein wieder in Frage gestellt. Nach Meinung der Erzählerin ist auch die Wirklichkeit für den Menschen nicht durchschaubar, und sie warnt den Leser deshalb in ihren eindringlichen Eingangsversen davor, Friedrich zu verurteilen. Die Distanz der Erzählerin erweist sich als Ausdruck ihres Bewußtseins von der Unzuverlässigkeit des menschlichen Urteils.
Bei Storm ist die Untersuchung der Erzählhaltung durch die zweifache Rahmung und die Einführung fiktiver Erzähler erschwert. Der Autor kann sich für die „Wahrheit der Tatsachen" nicht verbürgen, da er aus dem Gedächtnis eine Erzählung wiedergibt, die er fünfzig Jahre früher in einem Zeitschriftenheft

gelesen hatte. Der Zeitschriftenerzähler wiederum hat die Erzählung auch aus ‚zweiter Hand', d.h. er berichtet lediglich, was er aus dem Munde des Schulmeisters vernommen hat, und dieser eigentliche Erzähler schließlich versteht sich als Überlieferer mündlichen Erzählgutes. Auch der Schulmeister kann deshalb nicht wie die Erzählerin der „Judenbuche" behaupten, daß alles sich wirklich so zugetragen hat, wie er es berichtet. Er beruft sich zwar auf die „Überlieferungen verständiger Leute" und beteuert am Ende, alles nach „bestem Gewissen" berichtet zu haben, aber diese anscheinende Objektivität erweist sich doch von Anfang an als Illusion. Da es viele Versionen des Sagenstoffes gibt, versichert der Schulmeister seinem Zuhörer zu Beginn, daß er es sich wohl zutraue, zwischen Wirklichkeit und Aberglauben zu unterscheiden und offenbart damit den subjektiven Charakter seiner Erzählung. Er versteht sich zwar als objektiver, ja skeptischer Erzähler, aber allein am persönlichen Erzählton zeigt sich, daß er in Wahrheit kein distanzierter Berichterstatter ist. Sowohl aus den eingeschobenen Bemerkungen als auch aus den direkten Charakterisierungen spürt man die Sympathie des Erzählers für den Helden der Geschichte.

Wenn sich das berichtete Geschehen dramatisch zuspitzt, gerät der zu Beginn skeptische Schulmeister unmerklich in die Perspektive der dargestellten Personen. So erlebt der Leser die gespenstische Erscheinung des im Mondschein grasenden Pferdegerippes aus der Sicht der beiden Knechte, ohne daß der Erzähler sich ausdrücklich von der abergläubischen Vorstellungswelt der beiden Jungen distanzierte. Auch am Höhepunkt der Novelle bei der Schilderung der Sturmflut wird der Leser in die Stimmung des Augenblicks hineingerissen, da die chaotischen Naturereignisse aus der Perspektive des Deichgrafen dargestellt sind.

Im Gegensatz zur „Judenbuche" haben wir im „Schimmelreiter" eine subjektive Sicht von Wirklichkeit, da sich im Handlungsverlauf die Erzählperspektive je nach den dargestellten Personen ändert. Der Autor selbst hatte sich zu Beginn der Novelle hinter seinen fiktiven Erzähler zurückgezogen und meldet sich auch dann nicht mehr zu Wort, als der Schulmeister mit seinem Bericht zu Ende ist. Letzterer hingegen, der als „Aufklärer" bezeichnet wird, schließt seinen Bericht mit einer philosophischen Bemerkung über die Dummheit der Leute, die einen „tüchtigen Kerl, nur weil er uns um Kopfeslänge überwachsen war, zum Spuk und Nachtgespenst (zu) machen" (Schimmelreiter, S. 809) und verneint damit entschieden die Existenz der übernatürlichen Erscheinungen, von denen in der Sage vom „Schimmelreiter" die Rede ist. Der Deichgraf der Rahmenhandlung aber verabschiedet sich mit den Worten: „Ja, ja, gewiß, aber sie können Ihren eigenen Augen doch nicht mißtrauen; und drüben an der anderen Seite, ich sagt es ja voraus, ist der Deich gebrochen."

Beide Positionen stehen einander am Ende gegenüber, ohne daß der Autor abschließend dazu Stellung nimmt. Für ihn ist die Wirklichkeit doppeldeutig, und diese Weltsicht wird innerhalb der Erzählung durch den Wechsel der Perspektiven veranschaulicht.

Fragen und Anweisungen für den arbeitsteiligen Gruppenunterricht

1. Stunde

Gruppe 1 + 2

1. Wer sind die Erzähler?
2. Wann erzählen sie?
3. Woher kennen sie die Ereignisse, von denen sie berichten?

Gruppe 3 + 4

1. Wo beginnt und endet die Geschichte von Hauke Haien?
2. Gliedert diesen Teil der Novelle in 4–5 größere Abschnitte und sucht die Stellen heraus, wo die Handlung unterbrochen ist.

4. Stunde

Gruppe 1 + 2

Charakterisiert die Landschaft, in der das Geschehen spielt. Welche Aspekte der Nordseelandschaft hat Th. Storm besonders betont?

Gruppe 3 + 4

Welche Bedeutung hat die Natur für Hauke und die Dorfbewohner? Sucht Textstellen heraus.

11. Stunde

Gruppe 1 + 2

Gliedert den Gesamttext in etwa fünf Hauptabschnitte und findet für jeden Abschnitt eine Überschrift.

Gruppe 3 + 4

Bestimmt die Erzählhöhepunkte. Wie leitet die Dichterin die Hauptereignisse ein?

12. Stunde

Gruppe 1 + 2

1. An welchen Stellen des Textes finden wir Bericht bzw. Beschreibung als Erzählweisen?
2. An welchen Stellen des Handlungsablaufs finden wir Dialoge?

Gruppe 3 + 4

1. Welche Ausschnitte aus der Lebensgeschichte Friedrich Mergels sind dargestellt?
2. Welche Zeiträume sind übersprungen, welche sind kurz, welche ausführlich dargestellt?

Vorschläge für Aufsatzthemen

Analysiere die strukturelle Funktion und die Bedeutung des „Schimmelreiter"-Motivs in der Rahmen- und Binnenerzählung

Untersuche die Gründe für H. Haiens zunehmende Isolierung innerhalb der Dorfgemeinschaft

Charakterisiere die unterschiedliche Haltung Haukes und der anderen Dorfbewohner gegenüber der Natur

Zeige die Parallelität von Naturgeschehen und Vorgängen im menschlichen Bereich anhand von Textbeispielen

Beschreibe und analysiere das Motiv des Meeres als Wirklichkeit und als Symbol in Storms „Der Schimmelreiter"

Untersuche Wesen und Bedeutung des Aberglaubens in Storms Novelle „Der Schimmelreiter"

Zeige, inwiefern die Bezeichnung „Sittengemälde" aus dem Untertitel auf A. von Droste-Hülshoffs Novelle zutrifft

Charakterisiere die Bewohner des Dorfes B. und zeige, daß sie an Friedrichs Fehlentwicklung mitschuldig sind

Warum bleibt Friedrich Mergel bis zu seinem Lebensende ein Außenseiter der Gesellschaft?

Welche Bedeutung hat die Gestalt des Johannes Niemand in A. von Droste-Hülshoffs Novelle „Die Judenbuche"?

Untersuche die strukturelle und die symbolische Funktion des Brederholz-Motivs in A. von Droste-Hülshoffs „Judenbuche"

Charakterisiere die Erzählhaltung und die Erzählweisen in A. von Droste-Hülshoffs „Judenbuche"

Literaturverzeichnis

1. Primärtexte

Annette von Droste-Hülshoff, Sämtliche Werke, Carl Hanser Verlag, München 1966

Theodor Storm, Sämtliche Werke, Winkler Dünndruck-Ausgabe, Winkler Verlag, München

2. Sekundärliteratur

a) Allgemeine Literatur

Lämmert, Eberhard: Bauformen des Erzählens, Stuttgart 1955

Polheim, Karl Konrad (Hrsg.): Theorie und Kritik der deutschen Novelle von Wieland bis Musil, Tübingen 1970

Allgemeines Schrifttum zur Novelle u.a. bei Benno von Wiese, Die deutsche Novelle von Goethe bis Kafka. Interpretationen. Band 1 1956, Band 2 1962, Düsseldorf

b) Literatur zum „Schimmelreiter"

Knüfermann, Volker: Untersuchungen zur sprachlichen Wirklichkeit der Novellen „Im Nachbarhaus links", „Hans und Heinz Kirch" und „Der Schimmelreiter" von Theodor Storm, Diss. Münster, 1967

Kuchenbuch, Thomas: Perspektive und Symbol im Erzählwerk Th. Storms. Zur Problematik und Technik der dichterischen Wirklichkeitsspiegelung im poetischen Realismus, Diss. Marburg, 1969

Vinçon, Hartmut: Theodor Storm in Selbstzeugnissen und Bilddokumenten. Reinbek, 1972 (Rowohlts Monographien Bd. 181)

Zobel, Klaus: Die Strukturskizze. Ein methodisches Hilfswerk für die Deutung von Prosawerken. In: WW 21/1971 Heft V

Ausführlichere Literaturhinweise zum „Schimmelreiter" in:

1. Erläuterungen und Dokumente, herausgegeben von Hans Wagener, Reclams Universalbibliothek, Stuttgart 1976
2. in den oben aufgeführten Dissertationen von Volker Knüfermann, Thomas Kuchenbuch und Wolfgang Zuber
3. bei Benno von Wiese, Die deutsche Novelle von Goethe bis Kafka, Band 1.

c) Literatur zur „Judenbuche"

Diem, Albrecht: Vom Dingsymbol zur Verdinglichung. Symbol und Gesellschaft bei A. von Droste-Hülshoff, Th. Fontane und A. Robbe-Grillet. In: DU 23/1971

Freund, Winfried: Der Mörder des Juden Aaron. Zur Problematik von Annette von Droste-Hülshoffs Erzählung „Die Judenbuche". In: WW 19/1969

Freund, Winfried: Die deutsche Kriminalnovelle von Schiller bis Hauptmann. Einzelanalysen unter sozialgeschichtlichen und didaktischen Aspekten. Paderborn 1975

Hussong/Schütt/Stuflesser: Textanalyse optisch. Düsseldorf 1973

Jakobi, Elisabeth: Klassiker in der Schule von heute. Zwölf aktuelle Interpretationen. Bochum 1968

Kreis, Rudolf: Annette von Droste-Hülshoffs „Judenbuche". Versuch einer sozialkritischen Betrachtung. In: Projekt Deutschunterricht 6, Stuttgart 1974

Ulshöfer, Robert: Methodik des Deutschunterrichts Band 3, Stuttgart

Wiese, Benno von: Die deutsche Novelle von Goethe bis Kafka. Interpretationen. Band 1 1956, Band 2 1962, Düsseldorf

Literatur und Materialien zu einer literatursoziologischen Betrachtung der „Judenbuche" bei Rudolf Kreis, Projekt Deutschunterricht.

Weitere Literaturhinweise zur „Judenbuche" ebenfalls bei Benno von Wiese, Die deutsche Novelle von Goethe bis Kafka.